コロナ禍を乗り越えるために！

今すぐ役立つ書式例も掲載!!

新型コロナウイルス感染症に関する労働問題Q&A

杜若経営法律事務所　編

JN092455

労働調査会

今すぐ役立つ書式例も掲載!!

新型コロナウイルス感染症
に関する労働問題 Q&A

第2章　書式例集 …………………………… 93

新型コロナウイルス感染者発生の告知文

第**1**章

時差出勤・テレワーク・休業手当など
労働問題 Q&A

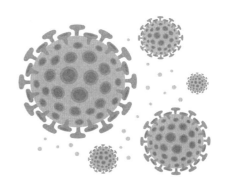

1. 賃金

 ポイント

○ 法律の原則を踏まえながら、従業員の生活も考えて、会社の取るべき措置、方針を決めましょう

○ 休業手当は平均賃金の6割を支払えば労働基準法違反にはなりませんが、民事上は話し合い等で休業中の賃金を決めなければなりません

Q. 新型コロナウイルス対応で今後が不安ですが、従業員の賃金についてはどのように考えればよいでしょうか。

A. 今後様々な事が起きる可能性があります。基本的な考え方を理解した上で賃金について決定しましょう。

[解説]

（1）まず考えるべきは普段どおりに仕事ができる健康状態であるか

　雇用契約は、働いている人が仕事をして、雇い主が賃金を払うことが主な内容になります。仕事をすることで賃金がも

らえるわけです。言い方を変えれば普段どおりに仕事ができる健康状態でなければ、賃金を請求することができません。

（2）（普段どおりに仕事ができる健康状態にある場合）休業は不可抗力によるものか

　普段どおりに仕事ができる健康状態にあるにもかかわらず、自宅待機を命じられた場合は賃金を請求できるのでしょうか。普段どおりに仕事ができる健康状態にあるのですから、本来は賃金を請求できます。もっとも、自宅待機を命じる理由が不可抗力であれば、賃金を請求できません。人の力ではどうにもならない場合を不可抗力といいますが、現在の民法の仕組みでは不可抗力により従業員が仕事ができない（債務を履行できない）場合は、会社は賃金の支払いを拒むことができます（民法第536条1項）。反対に不可抗力では無い理由で「債権者（会社を指します）の責めに帰すべき事由によって」仕事ができない場合は、会社は賃金の支払いを拒むことはできません（民法第536条2項）。「債権者の責めに帰すべき事由によって」とは「故意・過失及びこれと同視しうべき事由によって」と解釈されていて、新型コロナウイルスの影響を受けた休業については、会社の故意・過失はなく民法第536条2項の適用がない場合が通常です。

　また、労基法第26条も同じような規定を設けていて「使用者の責に帰すべき事由」により休業する場合は、使用者は労基法第26条により平均賃金の60％以上を休業手当として支払う義務を負います。労基法第26条で定める「使用者の

責に帰すべき事由」は、賃金請求権が発生する場合より広く、不可抗力を除いて、使用者側に起因する経営、管理上の障害も含まれます。今回の新型コロナウイルスによる休業について、ほとんどの事例ではこの労基法第26条の適用が問題になります。

（3）（普段どおりに仕事ができる健康状態にない場合）健康に支障を生じた理由は業務に関連したものか？

　残念ながら現在において院内感染により医療従事者が新型コロナウイルスに感染している事例もあります。このような場合は労災保険法に基づき休業補償を得ることになります。この場合、会社の管理体制に問題がある等すれば、労災保険の休業補償以上の補償を会社が行わないといけない場合があります。

基本的な考え方

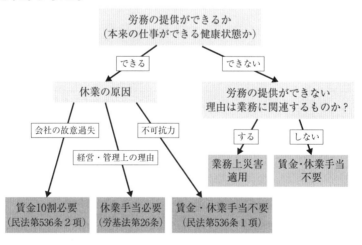

Q. 休業手当は平均賃金の６割を支払えばよいのでしょうか。

A. 平均賃金の６割を支払えば労基法違反にはなりませんが、民事上は話し合い等で休業中の賃金を決めないといけません。

（１）平均賃金の６割を支払えば労基法違反にはならない

　労基法 26 条は「使用者の責に帰すべき事由」により休業する場合は、使用者は平均賃金の 60% 以上を休業手当として支払う義務を負うと定めています。この「使用者の責に帰すべき事由」とは不可抗力を除いて、使用者側に起因する経営、管理上の障害も含まれると言われています（要するに不可抗力と言えない場合は含まれます）。そのため、少なくとも平均賃金の６割を支払えば労働基準法違反にはなりません。

（２）労基法違反にならなくとも民事上はそれ以上の賃金を支払わないといけない場合もあり得る

　平均賃金の６割を休業手当として支払えば労基法違反になりませんが、民事上は賃金を 10 割請求される可能性があります。例えば、新型コロナウイルスによる感染が収束し、受注や売上が回復したにもかかわらず人員削減のために休業を続ける場合などです。もっとも、従業員と会社が合意、もし

くは元々の雇用契約に基づけば民事上は問題ありませんので、就業規則・雇用契約書に休業の場合の休業手当を平均賃金の6割を支給すると定めていれば問題ありません。もしくは、労働組合との合意（労働協約）、従業員との合意（文書による合意）で休業手当の金額を平均賃金の6割以上で具体的に決めれば問題ありません。

会社の責めに帰すべき事由の定義の範囲
（労基法第26条→6割以上、民法第536条2項→10割）

2. 従業員が感染して しまった場合

 ポイント

○ 従業員が不安にならないよう、会社の取るべき措置、方針を明確に示しましょう

○ 休業、自宅待機中の賃金は、場面や状況に応じて判断しましょう

Q. 従業員が新型コロナウイルスにかかってしまいました。社内では、まずどのようなことをしなければならないでしょうか。

A. 従業員に対して無用な不安を与えないよう、会社の取るべき措置や方針を明確にし、伝達しましょう。

[解説]

（1）感染者に対して

　感染者は医師・保健所の指示に従い感染のリスクがなくなるまで休業してもらいます。都道府県知事が行う就業制限に

よる休業であるため、給与の支払い義務はありません。また、新型コロナウイルスの症状が出たとしても、検査を受けて陽性の結果が出るまでに時間を要することがあります。したがって企業は、正式に陽性と判明する前の段階であっても、従業員の体調や症状を確認し、就労を控えてもらうことが必要です。並行して、感染の疑いのある従業員の体調に無理のない範囲で、発症するまでの行動歴などの必要な情報収集を行いましょう。

　なお、業務又は通勤に起因して発症したものであると認められる場合には、労災保険給付の対象となります。先のとおり、院内感染により医療従事者が新型コロナウイルスに感染している事例など、感染ルートがはっきりするものについては、業務上災害と判断される可能性が高いと考えられます。業務に関連したものではない場合であっても、要件を満たせば、各保険者から傷病手当金が支給されることになります。具体的には、療養のために労務に服することができなくなった日から起算して3日を経過した日から、直近12か月の平均の標準報酬日額の3分の2について、傷病手当金により補償されます。

　また、感染者には、あらかじめ、社内での予防策を講ずるための周知や会社施設の消毒を行う旨の説明をし、理解を得ておきましょう。

（2）濃厚接触者の特定
　感染者が発症（37.5℃以上発熱等）した日の最低でも2日

前から最終出社日までの行動歴（場所等）を踏まえて、職場で濃厚接触者がいないかヒアリングを行います。感染者と発症日および前2日間、周囲半径2m以内で30分以上の接触がある者、および半径1m以内でマスクをせずに15分以上接触のある者について、濃厚接触者の疑いがある者としてリストアップします。濃厚接触者には、最終接触日より起算して暦日14日間の自宅待機を指示します。自宅待機中の賃金は、以下のように場合によって取り扱いが異なります。

・行政側からの要請や指示による休業の場合
　　→不可抗力のため、給与の支払い義務はありません。

・濃厚接触者に熱等の症状があり、感染の疑いがある場合
　　→濃厚接触者も、社会通念上労務の提供ができないと考えられるため、給与の支払い義務はありません。検査の結果、陰性であったり、症状が完全になくなった場合には自宅待機の解除を検討してもよいでしょう。

・社内の感染予防のために、会社の自主判断によって一斉に休業・自宅待機させる場合
　　→不可抗力には該当しませんので、労働基準法第26条に基づき、休業手当（平均賃金の60％以上）を支払う義務があります。なお濃厚接触者であっても、特に症状が出ておらず、在宅勤務での就労が可能で

あれば、在宅勤務に切り替えることも検討します。

（3）接触場所の消毒

　発症者の行動歴から、手指等の接触場所の洗い出しを行い、消毒すべき場所を特定します。消毒場所としては、感染者が、最終出社日および前2日間に15分以上の使用があった場所、手指がよく触れた場所や共用場所（食堂、更衣室、トイレ等）が望ましいと考えます。

（4）公表と情報提供

　社内で感染者が出たことの公表については、社内に対するものと社外（取引先、顧客、店舗オーナーなど）に対するものがあり、それぞれ、目的との関係でどのような情報をどこまで開示するかを慎重に検討する必要があります。

　新型コロナウイルスに感染したという情報も、本人の病歴に関する情報であり、要配慮個人情報に該当すると考えられます。したがって、安易にその情報を必要性もなく開示することは避けるべきです。

　基本的にその情報を利用する場合は、あらかじめ本人の同意を得ましょう。一応、個人情報保護法では、本人の同意が得られない場合であっても、人の生命、身体又は財産の保護のために必要がある場合や公衆衛生の向上又は児童の健全な育成の推進のために特に必要がある場合などでは、例外的に個人情報の取り扱いを認める場合もありますが（個人情報保護法第16条3項2、3号）、トラブルを避けるために本人の

同意を得るのが望ましいです。

　感染者が出たことを、社内に公表する目的としては、あらためて手洗いなど感染予防の取り組みを励行してもらうことや体調不良の症状があれば早期に申し出てもらうことで社内での感染拡大を防ぐという目的があります。前者の目的からすると、誰が感染したかという固有名詞を出す必要はありません。後者の目的の場合も、フロアや作業エリアなどは開示してもよいとは思いますが、固有名詞や所属部署の公表は必要ないと考えます。

　もっとも濃厚接触者を特定するための調査の場面では、具体的に、いつ、誰と、どのくらいの時間の接触があったのかを確認することが必要になるため、その限りで、具体的に誰であるかを明らかにする必要が出てきますが、その場合も利用目的を限定し、情報に触れる人数を最小限にとどめるべきです。

　次に、社外（取引先等）に情報提供する目的としては、先方の濃厚接触者を特定するという観点からは同じように「誰」ということが問題になるため、その調査目的の範囲での情報提供は必要になるかもしれませんが、そうでない限りは、具体的に誰であるか、どの部署であるかまでを情報提供する必要はないと考えます。

3. 会社による 自宅待機命令

 ポイント

○ 社内での感染拡大防止を第一に考えましょう

○ 感染した可能性のある労働者が実際に仕事をできる状態かどうかを検討しましょう

○ 会社の自主的な判断で自宅待機を命令する場合には、賃金の支払が必要なことがあります

Q. 従業員から、「最近、微熱と咳が続いている」という申し出がありました。この従業員に対して、自宅待機を命じても問題ないですか。自宅待機を命じる場合には、賃金を支払わなければなりませんか。また、従業員が同居する家族に感染者が出た場合にはどうなりますか。

A. 会社が自宅待機を命じることは可能です。その従業員が普段通りに仕事をできる健康状態にある場合に会社の判断で自宅待機を命じるときは、会社は少なくとも休業手当（平均賃金の6割以上）を支払う必要があります。従業員が同居する家族に感染者が出た場合、その従業員が保健所の指示や要請により自宅待機をする期間中は、会社は賃金の支払義務はありません。

[解説]

（1）感染拡大の防止を第一に検討

　会社は、社内で働く従業員が健康を損なわないように配慮する義務があります（労働契約法第5条）。また、当然のことながら、社内で感染が拡大した場合には、業務の運営に支障が生じます。そのため、社内で新型コロナウイルスが感染拡大しないようにすることを第一に考えなければなりません。微熱と咳が続くなど、新型コロナウイルスの感染が疑われる従業員には出勤を控えてもらうべきです。

（2）実際に普段通りに仕事をできる状態であるか

　高熱が出ている場合など、普段通りに仕事をできる健康状態にない場合には、従業員の側でも有給休暇や病気休暇をとって休むことが多いと思われますが、もし、休暇をとらない場合には、自宅待機を命じるべきです。この場合には、仕

事をできる状態にはないため、会社は賃金を支払う義務はあ
りません。

（3）普段通りに仕事をできる状態であるものの、感染を疑
わせる事情がある場合

　他方、微熱や少々の咳があっても、普段通りに仕事をでき
る健康状態にあって、従業員も出勤しようとする場合に、会
社は、社内でのウイルス感染を防ぐため、自宅待機を命じる
ことも可能です。この場合には、仕事ができる状態にあるも
のの、会社の責任、判断によって従業員が仕事をできないこ
とになりますので、会社は少なくとも休業手当として平均賃
金の6割以上の金額を支払う義務がある、というのが従来か
らの一般的な考え方です（詳しくは「1.賃金」をご覧くだ
さい）。

（4）家族に感染者が出た場合

　従業員の家族に感染者が出た場合には、その従業員は健康
状態に問題がない場合であっても、濃厚接触者として、保健
所から、一定の期間、自宅待機をするように要請を受けるこ
とになります。この保健所の要請に基づく自宅待機中に在宅
勤務で仕事をさせることが可能な場合で、実際に業務をさせ
た場合には、その間の賃金は発生します。他方で、会社が工
夫をしても在宅では業務をさせることができずに従業員が休
業せざるを得ない場合、その間、従業員は会社の責任と判断
で仕事をできなくなったわけではありません。すなわち、こ

の場合の休業は、会社側の事情に起因したものではなく、会社側で回避可能なものでもないので、会社は賃金を支払う義務はありません。

　もっとも、このように賃金の支払義務がないと考えられる場合でも、支払義務の有無は別として、従業員の生活保障や、感染防止のために従業員に自宅待機の自粛要請を守ってもらうために、有給の特別休暇を付与するなどして自宅待機期間中の賃金の一部または全部を補償している企業もあるようです。国から新型コロナウイルス感染症にかかる雇用調整助成金についての特例措置が拡大されており、この助成金を活用して労働者に休業手当を支払うことも考えられます。

　保健所から自宅待機を求められる期間が解除された後も、会社の判断で、念のため更に数日間の自宅待機を命ずる場合には、賃金を支払う必要があります。

4. 会社による 出勤命令・休業命令

 ポイント

○ 出勤に消極的な従業員に対しては、会社への出勤の必要性、具体的な感染リスクの蓋然性、感染防止対策等を考慮してどのような形での勤務にするのか検討しましょう

○ 一定の感染リスクが考えられる場合、従業員の不安にも配慮して対応を検討しましょう

Q.

当社は小売業を営んでおり、現在も営業を続けています。従業員から「感染が怖いので休業させて欲しい」と言われましたが、どのように対応すればよいですか。店舗勤務の従業員と管理部門勤務の従業員とで対応に違いはありますか。

また、今後休業することした場合に、休業を拒否する従業員が出てきたときにはどのように対応すればよいですか。

A.
店舗勤務の従業員については、必要な感染防止対策を講じたうえで出勤を命じることも可能ですが、従業員の不安に対して適切な配慮を施すことが望まれます。管理部門勤務の従業員については、感染状況や外出自粛要請なども踏まえ、テレワーク実施の可否を検討し、テレワークが難しいものであれば出社日数の限定や時差出勤を行うなどして対応することが望まれます。

また、休業するか否かの判断は経営者の専権事項ですので、事業所全体を休業する場合、拒否する従業員に対して休業を命ずることも可能です。その場合、従業員に休業手当についての説明をするなどして理解を得ることが望まれます。もっとも、事業所の一部の従業員だけ休業させる場合には、人選の合理性、相当性が問題となることもありますので、注意が必要です。

会社の指示、命令に従わない場合の処分については、感染リスクの状況等の様々な事情を考慮して、その必要性、相当性について慎重に検討しましょう。

[解説]

（1）業務命令の可否・限界

　一般に、使用者は、業務遂行全般について労働者に対して必要な指示・命令をする権限（業務命令権）を有しています。

　個々の業務命令については、就業規則の合理的な規定に基づく相当な命令である限り、労働者はその命令に従う義務を負うものとされています。

　他方で、業務命令が必要性を欠く場合や、労働者が受忍できる限度を超えて相当性を欠く場合には、労働者はその業務命令に従う義務を負わないことになります（古い判例ですが、朝鮮戦争の休戦状態のもとで砲撃の対象となり得るとの宣言が出されていた海域への出航命令について、労働者は「その意に反して義務の強制を余儀なくされるものとは断じ難い」と判断したものがあります〔最判昭43.12.24〕。）

　そのため、新型コロナウイルス感染拡大が懸念される状況下において、休業を希望する従業員に対して業務に従事するように命じる場合、具体的な状況のもとで、その業務命令に必要性があり、相当なものであるかを検討する必要があります。業務命令の相当性については、具体的な感染リスクの蓋然性（従事する業務の性質及び内容、外部の者との接触機会の有無及びその程度、事業所近隣地域〔都道府県単位や市区町村単位〕での感染状況、業務遂行施設内もしくはその周辺での感染者の出現状況、国内全体における感染状況と一般市民の移動状況等の諸事情を検討することになると思われます）、感染拡大防止に向けて使用者が講じている対策、当該従業員の健康状態などの諸事情を総合して検討することになると考えられます。

（2）店舗勤務の従業員の場合

　新型コロナウイルスの感染拡大が懸念される状況のもとにおいて、緊急事態宣言に基づく休業要請の対象とされていない事業について、営業を継続するか否かは使用者の判断に委ねられています。それゆえ、会社として営業継続の判断をした場合には、従業員に対して業務に従事する命令を行う必要性はあります。

　業務命令の相当性についてみると、行政機関ないしそれに準ずる公的機関（以下、本設問ではあわせて「行政機関等」といいます）から、新型コロナウイルスの感染防止のために、いわゆる3密（密閉、密集、密接）を避けることが指摘されていることからすれば、一定数の感染者が出ている地域にあり、相当程度の来店客がある店舗での業務については、一定程度の感染リスクがあることは否定し難いと考えられます。そのような店舗業務に従事する従業員に対して、行政機関等から公表されている情報をもとに、当該業務において一般に講じるべき感染防止対策を講じないまま業務に従事するように命ずるような場合には、その業務命令は相当性を欠いているとも判断され得ると考えられます。

　したがって、上記のような状況にある店舗での業務を命ずる場合、前提として上記のような感染防止対策を講ずることが必要であると考えられ、そのうえで行う業務命令には、従業員の側でも応ずる義務があると考えられます。

　もっとも、業務命令を行うことが可能であり、従業員がこれに応ずる義務がある場合であっても、本書刊行時点では新

型コロナウイルスは未知の部分が多いことから、一定数の感染者が出ている地域において相当数の来客のある店舗での業務に従事するように業務命令を強行した場合には、従業員が多大な心理的不安を抱え、メンタル不調をきたしたり、退職を申し出たりすることも考えられます。そのため、実務的には、このような事態を避けるべく、感染防止対策を充実させることなどによって従業員の不安を少しでも和らげて出勤に協力してもらうように協議をし、それでも従業員が休業を希望する場合には、無理に出勤を強制するのは避けた方が望ましいと考えます。従業員が休業した場合には、有給休暇を取得した場合を除き、従業員が休業した日は欠勤扱いとなり、欠勤日の賃金を支給する旨の合意がない限り、会社は賃金の支払義務を負いません。

　業務命令を発したにもかかわらず、従業員が欠勤した場合、出勤している従業員との公平性の観点から懲戒処分を検討したいという場合もあるかもしれません。具体的な感染リスクの蓋然性が低下していない状況において、懲戒処分をもって店舗への出勤を強制した場合、従業員のメンタル不調や会社のレピュテーションリスクにつながる可能性もあるため、慎重にすべきと思われます。出勤している従業員との公平性との観点からは、懲戒処分よりも、感染リスクのある中で業務に従事してくれている従業員に対する功労金の支給などを検討する方が好ましいケースもあると考えられます。

　なお、当然のことながら、従業員側から自らの休業にあたって有給休暇の申請があった場合には、時季変更権（労基法第

39条5項但書）の要件を充たさない限り、従業員が希望する時季に有給休暇を与えなければならず、その日に業務を命ずることはできません。

（3）管理部門に勤務する従業員の場合

　管理部門に勤務する従業員は、店舗勤務の従業員に比べ、通常の業務において外部の者との接点は限られている筈です。従業員が抱く感染への不安についても、通勤途上、社内の他の従業員との接触、社内の設備や備品等への接触による感染が主なものと考えられます。

　これらの感染のリスク自体は完全には否定し難いものの、自宅からの外出に伴う一般的なリスクであり、一般的には店舗勤務の従業員に比べると感染リスクは高くないようにも思われます。

　もっとも、管理部門の従業員の場合には、外出に伴う一般的な感染リスクがある中で（特に緊急事態宣言のもとで外出自粛を強く要請されている状況下においては）、担当する業務を出社して社内で行うべき必要性について、検討する必要があります。また、在宅では行えない業務がある場合でも、全ての所定労働日において所定就業時間どおりに社内で勤務する必要性についても検討する必要があります。会社への出勤日数を限定したり、時差出勤をしたりすることによって、通勤途上での感染リスクや、社内での従業員の密状態の緩和や接触機会の減少による感染リスクを低くする可能性も検討すべきでしょう。

　このような検討を経て、可能な配慮をしたうえで管理部門の従業員に対して出社を命ずることは、必要性、相当性を充たすものと考えられます。

　他方、在宅でも可能な業務があるにもかかわらず、その可否について全く検討しないまま、一律に全所定労働日に所定就業時間どおりに社内での勤務を命じることは、業務命令の必要性、相当性の観点から問題となり得ると考えられます。

　可能な配慮をしたうえで出社を命じたにもかかわらず、出社しない場合には欠勤として扱い、事案によっては、感染リスクの状況や出社しないことによる業務への影響の程度などの諸々の事情を踏まえ、懲戒処分も検討の対象になることもあると考えられます。

（4）休業を拒否する従業員への対応について

　前述のとおり、緊急事態宣言に基づく営業自粛要請の対象外の事業において、営業を継続するか、休業するかは使用者の判断に委ねられています。

　会社が使用者として事業所全体の休業の判断をした場合、その事業所内に反対の意向を示して営業継続を希望する従業員がいたとしても、休業を命じることが可能です。従業員に対しては休業手当の支払について説明するなどし、理解をしてもらうように努めるのが望ましいと言えます。

　他方、事業所の一部だけ休業して営業を継続する場合には、休業対象者の人選の合理性、相当性も問題となります。特に休業期間中に賃金を100％補償するのが難しいという場合に

は、休業対象となった従業員は、通常どおり勤務する従業員に比べて不利益が生ずることになります。このような場合には、特定の従業員のみを不当な目的で狙い撃ちして休業したと言われないように合理的な基準で休業対象者を人選したり、輪番で休業したりするなどの工夫が必要になります。

　会社が相当性のある休業命令を出したにもかかわらず、応じずに出社し、注意指導をしても改めようとしない従業員については、懲戒処分も検討する必要があると考えられます。

5. 解雇・雇止め

 ポイント

○ 解雇・雇止めを行う際には、慎重な判断の下に行う必要があります

○ 国の支援策等も踏まえ、解雇・雇止め回避のための努力を行うことが重要です

（1）期間の定めのない契約（いわゆる正社員）の場合

【解雇】

Q. 新型コロナウイルスの影響で、売上が半減し経営が立ち行かない状況です。事業の縮小・人員整理を検討しています。この場合、従業員をすぐに解雇することができますか。

A. 業績悪化が原因で解雇（いわゆる整理解雇）を行う場合には、解雇を回避する方法がないか等を国の支援策も踏まえ検討し、慎重に判断をする必要があります。

[解説]

　使用者が労働者を解雇する場合には、当該解雇に「客観的に合理的な理由」があり「社会通念上相当」であると認められる必要があります。これらが認められない場合は解雇権を濫用したものとして当該解雇が無効となります（労働契約法第 16 条）。そして、使用者の経営上の理由による解雇の場合には、労働者の落ち度によるものではないため、いわゆる「整理解雇」として解雇の有効性については通常の解雇の場合よりも厳格に判断されます。整理解雇の有効性については、以下の 4 つの要素の観点から判断されます。

①　人員削減の必要性（人員削減措置が経営上の十分な必要性に基づいていること）
②　解雇回避の努力（すぐに解雇と判断するのではなく、解雇を回避するために合理的な経営上の努力を尽くしているか）
③　人員選定の合理性（対象者を恣意的ではなく、客観的・合理的な基準で選定しているか）
④　手続きの妥当性（労働者に対して、経営状況、人員選定基準、解雇時期、規模、方法等について説明、協議を行っているか）

　具体的には、経営状況を踏まえ、諸経費の削減、役員報酬の削減、新規採用の見送り、配置転換、一時帰休（労働者を一時的に休業させる）、残業規制、賃金・賞与のカット、希望退職者の募集等を検討し、その検討結果について対象とな

る労働者に対して説明、協議をする必要があります。また、新型コロナウイルスに影響を受ける事業主に対する雇用調整助成金（経済上の理由により、事業活動の縮小を余儀なくされた事業主が、雇用の維持を図るための休業手当に要した費用を助成する制度）の特例措置の拡大等の雇用維持支援策や、資金繰り支援等の政府等からの支援策に関する検討の有無についても考慮した上で、事業縮小・人員整理に踏み切るか否かの判断をすることも重要です。

　なお、法人を解散し全労働者を解雇する場合については、事業を廃止することに伴う解雇であるため、基本的には「客観的に合理的な理由」があり、「社会通念上相当」であると認められると考えられます。また、こうした場合には、法人を存続しつつ人員削減を行う整理解雇とは異なるため、上記整理解雇の法理は当然には適用されないと考えられます。もっとも、解散に伴って解雇をする場合であっても、解散に至る経緯、解雇せざるを得ない事情、解雇回避の努力、解雇条件等について労働者に対して説明をすべきであり、かかる手続的配慮が全くないまま解雇が行われた場合には、「社会通念上相当」である解雇とは認められず無効となる場合も考えられるため、慎重に手続きを進める必要があります。

（2）期間の定めのある契約（契約社員、嘱託社員、アルバイト等の名称が多い）の場合

Q. 上記、経営危機にある状況であり、契約期間の定めのある方に、次回の契約更新はせずに期間満了で辞めてもらうことはできますか。また、期間途中で解雇することはできますか。

A. 期間満了で辞めてもらう場合でも、労働契約を終了してよいか慎重に判断する必要があります。また、期間途中の解雇の場合は、期間の定めのない場合の解雇よりも厳格な規制がかかるため、より慎重な判断が求められます。

ア　雇止め（期間満了による契約終了）

　期間の定めのある労働契約の契約期間満了時に契約更新を行わず、労働契約が終了することを、雇止めといいます（例：4月1日から翌年3月1日までの1年間の労働契約を結んでいた場合に、翌年4月1日以降の契約を更新しないこと）。

　契約期間の定めがあるため、契約期間が満了した場合には、労働契約の終了となりえますが、①期間の定めのない労働契約と実質的に同視できる場合や、②契約の更新に合理的な期待がある場合には、雇止めを行うにあたって、客観的に合理的な理由があり社会通念上相当であることが必要とされてい

るため、注意が必要です（労働契約法第19条1号、2号）。

　①②に該当するか否かは、従事している業務の内容（臨時的なものか恒常的なものか）、更新回数・通算期間、更新手続き・管理の厳格さ、雇用継続を期待させる使用者の言動等の諸事情を勘案して判断されます。多数回ないし長期間契約が更新されてきたり、更新手続きが曖昧で形骸化していたりするような場合等には、期間満了というだけで契約終了とすることができない可能性がありますので注意が必要です。

　①②に該当する場合には、上記整理解雇の法理に準じ検討の上、慎重に雇止めを行う必要があります。

イ　期間途中の解雇

　期間満了での雇止めを待たずに、期間途中で解雇を行う場合は、当初の契約をしていた期間の途中で契約が解消されることになるため、より厳格な解雇規制が課せられ、解雇をするためには「やむを得ない事情」が必要であるとされています（労働契約法第17条1項）。よく勘違いされることがありますが、期間途中での解雇は、正社員を解雇する場合よりも厳格に判断されることになります。

　そのため、期間満了まで待たずに解雇に踏み切るか否かは、正社員を解雇する以上に慎重に判断する必要があります。

6. 内定取消し

 ポイント

○ 内定取消しは事業主の自由な判断ではできず、解雇と
　同様の規制がかかります
○ 国の支援策も踏まえ、内定取消し回避のための努力を
　行うことが重要です

Q. 新型コロナウイルスの影響により激しく業績が落
　　ち込み、経営状況が悪化した場合、採用内定の取
　　消しができますか。

A. 経営状況悪化を理由とする内定取消しには、整理
　　解雇の場合に準じた取扱いが求められます。内定
　　取消し回避のため努力を行ったといえない場合や
　　対象者に誠意をもって対応したといえない場合に
　　は、内定取消しが無効とされる可能性があります。

[解説]

（1）内定取消しは簡単にできるのか

　厚生労働省によりますと、今春就職予定の学生らについて、
4月1日時点で判明しているものだけで、23社で合わせて

58人の内定が取り消されたとのことです。

　新型コロナウイルス感染拡大による影響で、内定取消しを行うケースが増えていますが、内定取消しは事業主（使用者）の判断で自由にできるのでしょうか。

　実はそうではありません。内定通知書の交付後など採用内定の段階になった場合、労働契約が成立することになります。労働契約が成立する場合、その後の事業主による一方的な契約の解約は解雇にあたり、内定取消しにも解雇の規制がかかります。

　厚生労働省「新型コロナウイルスに関するQ&A（企業の方向け）」（令和2年4月3日時点版）においても、新卒の採用内定者について労働契約が成立したと認められる場合には、客観的に合理的な理由を欠き、社会通念上相当であると認められない採用内定の取消しは無効となると解説されています。内定取消しは、事業主の自由な判断で行えるわけではないのです。

（2）内定取消しが違法無効とされないためにはどのようなことが求められるか

　新型コロナウイルス感染拡大による経営状況悪化を理由とする場合、採用内定者（対象者）に落ち度があるわけではありません。内定取消しの適法性は、厳格に判断されます。

　つまり、経営状況悪化を理由とする内定取消しには、整理解雇の場合に準じた取扱いが求められます。具体的には、以下の4要素に沿った取扱いがなされているか否かが問われる

ことになります（前記「5. 解雇・雇止め」の該当箇所参照）。

① 会社の経営状況から内定取消しをしなければならない必要性があること（人員削減の必要性）、

② 内定取消しを回避する努力を行ったこと（解雇［内定取消］回避努力）、

③ 内定取消対象者の選定基準及び選定が合理的であること（人選の合理性）、

④ 対象者に対し誠意をもって対応（説明や協議）をしたこと（手続の妥当性）

この4要素が揃わない場合、内定取消しは違法無効となるものと考えられます。

例えば、事業縮小の必要があるとしても（①）、内定取消回避のための努力をしたといえない場合（②）には、内定取消しは違法無効となります。

内定取消しが違法無効と裁判所で認定された場合、事業主は、対象者にそれまでの賃金や損害賠償金を支払ったうえで、対象者の雇用を継続するということになります。

内定取消しが無効とされた場合のリスクは大きいのです。

内定取消しに踏み切る前に、上記4要素に沿った取扱いがなされているかを慎重に検討する必要があります。

（3）内定取消しの回避努力を行ったといえるにはどのようなことが必要か

前述したとおり、内定取消しが違法無効とされないために

は、内定取消しを回避する努力を行ったことが必要となります。厚生労働省「新型コロナウイルスに関するQ&A（企業の方向け）」（令和2年4月6日時点版）においても、事業主は、採用内定の取り消しを防止するため、最大限の経営努力を行う等あらゆる手段を講ずるようにとされています。

　具体的には、雇用調整助成金の特例措置を利用できないか、行政機関や金融機関が出す雇用維持支援策を利用できないか、テレワークを活用できないかなどを検討することになります。それでも、やむを得ず内定取消しに踏み切るとしても、内定取消し無効とされるリスクを下げるために、解雇回避努力の一環として、対象者の就職先の確保についてできる努力を行うとともに、対象者からの補償等の要求には誠意をもって対応すべきです。

（4）職業安定法に基づく規制

　なお、事業主が、新規学校卒業者の内定取消しや入職時期の繰下げを行おうとする場合は、所定の様式により、事前に、所轄のハローワーク及び学校に通知することが必要となることには留意が必要です（職業安定法第54条、職業安定法施行規則第35条、新規学校卒業者の採用に関する指針）。

7. 退職勧奨

 ポイント

○ 労働契約を解消する場合であっても、一方的な解雇は
　避け、まずは労使間で話し合いきちんと事情を説明し
　従業員に納得してもらうことが重要です
○ 話し合いの際は解雇されたとの誤解を与えないよう、
　伝え方に配慮しましょう

Q. 新型コロナウイルスの影響で当面の間は店舗を閉
鎖することとなりました。再開の目処もたたない
ので店舗で働いている従業員の数名には辞めても
らおうかと考えています。どのような点に注意す
ればよいでしょうか。

A. やむを得ず従業員に辞めてもらう場合であったと
しても、一方的に解雇をするのではなく、まずは
きちんと事情を説明し従業員に納得してもらいま
しょう。

[解説]

（1）解雇と退職勧奨の違い

　前提として、雇用関係の解消は従業員にとって生活の基盤を失う可能性があるものです。そのため、雇用調整助成金の特例措置を利用できないか、行政機関や金融機関が出す雇用維持支援策を利用できないか、テレワークを活用できないかなどを検討しながら、可能な限り雇用継続を図ることが望ましいといえます。

　諸般の事情からやむを得ず雇用関係の解消に踏み切る場合であっても、雇用関係の解消が従業員にとって重大な事柄であることや、法律上の規制があることなどを理解した上で、慎重な手続き・配慮のもとに行う必要があります。

　会社からの働きかけで従業員に辞めてもらう場合、2つのケースが考えられます。会社と従業員との話し合いを通じて従業員自らの意思で退職に応じてもらうケース（退職勧奨といいます。）と、従業員の意思にかかわらず会社から一方的に労働契約を終了させるケース（解雇といいます。）です。

　解雇の場合、法律上の規制があり適法性が厳格に判断されることとなります（労働契約法第16条。詳しくは「5.解雇・雇止め」をご参照ください）。なにより、従業員本人の意思に関係なく行われるものなので後々のトラブルに発展しやすいといった点があります。したがって、解雇は極力避けたほうがよいと考えられます。

　労働関係の解消という労働者に重大な事柄であることからすれば、後々のトラブルを避けるためにも、まずは会社とし

て誠実に話し合いを行うことが重要です。退職勧奨は、会社と従業員との間で退職に向けた話し合いは行いますが、実際に退職するかどうかの決定は従業員自身が行います。そして、従業員が退職に応じる場合には、会社と従業員との間で労働契約の終了の合意をすることになります。

（2）退職勧奨時の注意点

　退職勧奨を行う際には、きちんと会社の状況や今後の見通しなどの事情を説明した上で、従業員本人に納得して退職に合意してもらうように進めることが大切です。あくまでも退職するかどうかの決定は従業員にあるので、会社が本人に退職を強要するかのような言動は違法になります。

　また、従業員本人が解雇されたと誤解を受けないように、解雇ではなくきちんと退職勧奨であることを明確に伝えることも大切です。従業員側から「解雇にしてください」といわれた場合であっても、安易に解雇の通知をすることは避けてください。解雇は一方的な使用者側の意思表示なので、解雇の同意はあり得ず一方的に会社が解雇したと判断される可能性があります。

　他方、自主的な退職に応じてくれる従業員に対しては、今後の生活保障等の観点から一定の配慮をすることも検討した方がよいでしょう。具体的には、退職金の加算や解決金の支給を行うことなども柔軟に検討することが望ましいですし、もし従業員からの補償等の要求があった場合にも誠意をもって対応すべきです。また、離職票の作成時には退職理由を定

　める必要がありますが「会社都合」とすることで、失業給付金の支給開始日や支給日数等の点で従業員には有利になります（ただし、キャリアアップ助成金など各種助成金を利用している場合、現時点では会社都合退職とすることにより助成金が不支給となったり返還を求められることがありますのでご留意ください）。

　なお、再雇用を必ずするという約束のもとで従業員を退職した形にして、再雇用までの期間中に失業給付金を従業員が受給した場合、失業給付金の不正受給と認定される可能性があるのでご注意ください。

8. 残業・長時間労働

 ポイント

○ 36 協定の締結が間に合わない場合でも、対策は残されています

○「災害その他避けることのできない事由によって、臨時の必要がある場合」であっても割増賃金を支払う必要や過重労働を防止する必要があることには変わりはありません

Q.
新型コロナウイルス対応で今後が不安ですが、従業員の賃金についてはどのように考えればよいでしょうか。

A.
今後様々な事が起きる可能性があります。基本的な考え方を理解した上で賃金について決定しましょう。

[解説]

（1）原則は 36 協定整備

　労基法上、1 日 8 時間又は 1 週 40 時間を超える労働、すなわち法定時間外労働を命じる場合には 36 協定（労基法第

36条に基づく労使協定）が必要となります。

　36協定は各事業所ごとに締結する必要があます。また過半数で組織する労働組合がない場合には従業員代表を選出した上で当該代表と締結する必要があります。しかし、今回の新型コロナウイルスの影響からテレワーク、自宅待機、休業等の措置をとっており、36協定の締結がままならないという会社も多くみられます。

　緊急事態に備えた規定が労基法第33条1項に置かれており、「災害その他避けることのできない事由によって、臨時の必要がある場合」に該当し、労基署から労基法第33条1項に基づく許可を受けた場合には、36協定がない状態であっても時間外労働を命じることができるとされています。

　ここでいう「臨時の必要がある場合」の該当性は一般的に限定的に解釈されるものとされていますが、厚労省は「新型コロナウイルスに関するQ&A」において、例えば「新型コロナウイルスの感染・蔓延を防ぐために必要なマスクや消毒液、治療に必要な医薬品等を緊急に増産する業務」はこれに該当するとの考えを示しています。

（2）割増賃金支払いの必要はある

　労基法第33条1項に基づき法定時間外労働を命じる場合であっても、割増賃金の支払いが必要になる点は通常の36協定のもとでの時間外労働と同様です。

（3）安全配慮義務に基づき過重労働を回避する必要がある

　36協定が締結できている、または労基法第33条1項の許可を得られたという場合であっても、使用者は労働者の心身を守る義務（安全配慮義務）を負っています。そのため、緊急時だからといって無制限に残業を命じてよいというわけではなく、過重労働が生じないよう措置を講ずる必要があります。

9. 休暇

 ポイント

○ 年次有給休暇の取得については、労働者の意思を確認
しましょう
○ 臨時休校となった小学校等に通う子供の世話のために
休暇を付与する際、年次有給休暇以外の休暇を付与し
た場合、会社が国からの助成金が受けられます

（1）休業日の扱い

Q. 自治体の自粛要請を受け、休業日を設けることに
なりました。この休業日を年次有給休暇の取得日
にあててよいでしょうか。

A. 会社側から一方的に、休業日を年次有給休暇の取
得日とすることはできません。そもそも、法的に
休業日に年次有給休暇を取得することはできない
と考えられます（但し、休業が決まる前から年次
有給休暇を取得することが決まっていた場合は除
きます）。

[解説]

　年次有給休暇は、原則として、労働者の意思に基づいて取得するものですので、年次有給休暇を取得するかどうかは、原則として労働者の判断に委ねられます。そのため、会社側から一方的に年次有給休暇を取得する扱いをすることはできません。

　今回は、そもそも、法的に、休業日が年次有給休暇を取得することができる日であるかが問題になります。年次有給休暇は、労働者が申請した日について、労働の義務を免除する制度です。この考え方からすると、年次有給休暇を取得することができるのは、労働者に労働の義務がある日と言えます。休業日については、労働者には元々、労働の義務はありません。そのため、休業日として会社側が指定した日に、年次有給休暇を取得することはできないと考えられます。

　もっとも、会社が休業を決める前から、休業日となる日に年次有給休暇の取得申請がされ会社が承認していたのであれば、法的には年次有給休暇の取得は可能です。休業日については、会社側の判断で休業を決めた場合には、労働者に対し、賃金の６割以上の休業手当を支払う必要があります（詳細は「３．会社による自宅待機命令」をご参照ください）。そのため、休業が決まる前から年次有給休暇の取得が決まっていた場合でも、労働者側が、賃金の６割の支給が受けられるのであれば年次有給休暇を取得しなかったと後から言い出す場合も考えられますので、休業を決めた場合には当該休業日に元々年次有給休暇を取得することになっていた労働者に、休

業手当について説明した上で年次有給休暇を取得するかを確認することが望ましいです。

（2）一斉休校に伴う保護者の休暇

Q. 従業員から小学校が休校になって子供の面倒を見るために会社を休みたいという申出がありました。欠勤扱いにしてよいでしょうか。

A. 可能であれば従業員本人に年次有給休暇や特別休暇の取得をするか確認することが望ましいです。休校になった子供の世話をするために年次有給休暇ではなく、特別休暇を取得させた会社に対し、助成金が支払われる制度があります。

［解説］

　法的には、労働者側から年次有給休暇等の休暇の申請がない場合には、欠勤扱いにすることは可能です。もっとも、労働者に確認することなく欠勤扱いにすることはトラブルのもとになりますので、労働者に休暇を申請するかどうかを確認することが望ましいと考えます。臨時休業になった小学校、特別支援学校、幼稚園、保育所、認定こども園等に通う子供の世話をする目的で、令和2年6月30日までの間に、保護者に休暇を付与する場合、会社が休暇中に支払った賃金全額（但し、1日8,330円が上限）を国が助成する制度（新型コ

ロナウイルス感染症による小学校休業等対応助成金）があり
ます。この制度の対象となるのは、会社が、年次有給休暇以
外の休暇を付与した場合のみです。就業規則等で、年次有給
休暇以外の特別休暇を付与する旨定めていない場合でも、特
別休暇として保護者に休暇を付与する扱いをした場合には、
この制度に基づき、助成金の支給対象となります。

　また、この特別休暇は半日単位・時間単位で付与すること
も可能です（ただし、単に勤務時間を短縮した場合は助成金
の対象外となりますので、休暇として付与することが必要で
す）。その場合であっても助成金の上限額は変わりませんの
で、例えば、半日は通常通り勤務させ、残り半日分のみ特別
休暇を付与した場合でも、助成金の上限額は 8,330 円となり
ます。

10. 時差出勤・テレワーク

 ポイント

○ 時差出勤を行うためには、従業員との合意が必要となる場合があります
○ テレワークを実施する場合でも、労働時間管理を行いましょう

（1）時差出勤について

Q. 会社から従業員に対して、一方的に時差出勤を命じることはできますか。

A. 就業規則、雇用契約に始業時刻、終業時刻を変更する場合があるという旨の記載がない限り、一方的に時差出勤を命じることができません。

［解説］

　始業時刻、終業時刻は労働契約によって定められます。これらについては、雇用契約の内容となっているため、変更をする場合には、会社と従業員の間で、時差出勤の場合の始業

時刻、終業時刻について、改めて、合意をする必要があります。

　また、会社によっては、就業規則に「業務の都合その他やむを得ない事情により、始業時刻、終業時刻を繰り上げ、または繰り下げることがある」という規定があることがあります。「その他やむを得ない事情」に該当する場合には、同規定を根拠に、時差出勤を命じることができます。新型コロナウイルスの感染予防が、「やむを得ない事情」に該当するか否かですが、現在、政府からも感染予防のために、時差出勤等を用いて、人混みを避けるように要請が出ています。自動車通勤といった人混みを避けることが可能な通勤方法を取れない従業員について、安全の確保という観点からも時差出勤を命じることは、「やむを得ない事情」に該当すると考えられます。

Q.
時差出勤を導入した場合、始業時刻の繰り上げ、終業時刻を繰り下げた分の残業代を支払う必要がありますか。

A.
始業時刻、終業時刻を共に、繰り上げ若しくは繰り下げた場合であっても、１日の実際の労働時間が８時間を超えない場合には、時間外労働の割増賃金は発生しません。

[解説]

　先にも記載しましたように、労働時間は労働契約の内容となっているため、これを変更する場合には、従業員との間で合意が必要となります。

　また、労働時間の短縮に伴い、短縮した時間に相当する賃金を減額する場合にも、同様に従業員と改めて合意をする必要があります。この合意については、会社に厳しい判断がなされる傾向にあります。裁判実務上も、賃金減額の合意については、①労働条件の変更により従業員にもたらされる不利益の程度、②従業員が合意をするに至った経緯及びその態様、③合意に先立つ労働者への情報提供又は説明内容等を考慮して、賃金減額の同意が従業員の自由な意思に基づいてされたものと認めるに足りる合理的な理由が客観的に存在することが必要とされています。

　そのため、賃金減額を伴う短時間勤務を導入する場合には、

従業員と十分に協議を行い、その過程を書面に残すなどして、労働条件の変更について同意を得る必要があります。

　なお、会社によっては、就業規則・賃金規定に賃金表・賃金テーブル等が存在し、支給する賃金の最低限の金額が定まっていることがあります。賃金減額の合意内容が、この賃金表・賃金テーブルの最低金額を下回る場合には、就業規則の最低基準効（個別の雇用契約の内容が就業規則の内容を下回る場合には、就業規則の内容が優先して適用されるという効果）により、就業規則を下回る賃金額での合意の部分が無効となります。この場合、就業規則・賃金規定の変更が必要となりますので、ご留意ください。

（2）テレワークについて

Q.
テレワークを導入すると、タイムカード等を用いての労働時間管理が困難となります。このような場合でも、労働時間管理をしなければならないでしょうか。

A.
パソコンの使用時間を記録化するなど、客観的な記録を用いて、労働時間管理をしましょう。

[解説]

テレワークを導入した場合であっても、会社は労働時間の管理を行う必要があります。労働時間の管理は、パソコンの使用時間を記録化するなど、客観的な記録を用いて行うことが求められていますが、客観的記録を残すことができないやむを得ない事由がある場合には、従業員の自己申告制によることも可能です。

また、テレワークを導入すると、従業員に対する会社の管理の程度が弱まるため、管理が及ばないところで従業員の長時間労働が発生してしまう可能性があります。これを避けるために、テレワークを実施する前に、休憩に入る前後でのメールでの報告といったルールの作成、会社は役職者等に対して時間外、休日又は深夜のメールの自粛を命じるといった対応をあらかじめ行うことが望ましいといえます。

　なお、在宅勤務の従業員に、事業場外みなし（労働者が労働時間の全部または一部について事業場外で業務に従事し、労働時間を算定し難いときは、所定労働時間など一定時間労働したものとみなす制度）を適用し、労働時間管理の対象外とする方法も考えられるところではあります。

　もっとも、テレワークにおいて、労働時間が算定しがたいといえるためには、①情報通信機器（パソコンやスマートフォン等）が、使用者の指示により常時通信可能な状態とされていないこと、②随時使用者の具体的な指示に基づいて業務を行っていないことという2つの要件を満たす必要があります。①の要件に関しては、会社が情報通信機器を用いて、指示を出せる状態にあり、従業員が会社からの指示に備え、通信を待っているもしくは指示に従い作業をしている場合には、満たしません。そのため、安易に事業場外みなしの規定を適用することは避けるべきです。

11. ハラスメント

 ポイント

○ 感染が広がると今後想定していないハラスメントが起きる可能性があります。このような場合こそ会社の姿勢が問われます。個人任せにせず会社で積極的に対応するべきです

Q. 薬局を経営しておりますが、顧客から「マスクを隠しているだろう。早く出せ」、「お前がマスクをつけているなら客に売れ」等の理不尽なクレームを受けることがあります。従業員は疲弊しております。どう対応したらよいでしょうか。

A. 個人の対応に任せず、組織や仕組みの問題として対応しましょう。

[解説]

（1）増えるカスタマーハラスメント

　顧客による従業員に対する嫌がらせをカスタマーハラスメントといいます。使用者には従業員の生命、身体等の安全を確保しつつ労働する環境を整備する義務があります（労働契

約法第5条)。カスタマーハラスメントについても、従業員個人の対応に任せず積極的に対応する必要があります。

（2）見えやすい位置に予め断り書きを掲示しておく

　すでに多くの小売店が実施していますが、想定できる苦情に備えて、「マスクは売り切れました。次回の入荷は未定です」と大きな字で店先に掲示する等しています。これは、事前に必要な情報を伝えることでカスタマーハラスメントを防ぐ効果があるといわれています。

（3）マニュアルを整備する

　マニュアルを整備することも有効であるといわれています。事前に想定されるクレーム、理不尽な要求について、何をどこまで話せばよいか、どの段階で警察に通報してよいかを事前にまとめておくことは有効です。

12. 派遣労働者

 ポイント

○ 派遣先と派遣元との間の事項については、まずは契約
　内容（派遣基本契約書や派遣個別契約書）の定めを確
　認する必要があります
○ 契約条項内に休業の扱いが明確に記載されていない場
　合には、民法の原則から判断がなされることになります

Q. 新型コロナウイルスの影響で事業場を休業せざる
　を得なくなりました。当社では派遣会社から派遣
　社員も受け入れていますが、派遣元会社への派遣
　料金の支払いは必要でしょうか。

A. 派遣元会社との間で交わされている派遣契約の定
　めに従って処理されることになります。派遣料金
　についての条項が存在しない場合には、民法の原
　則に従い、休業が派遣先の責めに帰すべき事由に
　基づくものかどうかで派遣料金支払いの要否が決
　定されます。

[解説]

（1）あくまで派遣先会社・派遣元会社間の契約

　労働者派遣契約は派遣先会社・派遣元会社との間の B to
B の契約であり、休業した場合の派遣料金の支払い方法も、
契約の定め（派遣基本契約書や派遣個別契約書に定められて
いる可能性があります）に従って処理されるのが原則です。
例えば、端的に「派遣労働者が就労しなかった場合、派遣元
は派遣料金を請求することができない」との条項が置かれて
いる場合には、派遣先は派遣料金の支払いを行う必要はあり
ません。

（2）対応する条項がない場合

　派遣先会社・派遣元会社間で交わされた契約の中に上記の
ような対応条項がない場合には、民法の原則に基づいて判断
されることになります。すなわち、派遣先の責めに帰するこ
とができない事由に基づいて休業した場合には派遣料を支払
う必要がありませんが（民法第536条1項）、派遣先の責め
に帰すべき事由に基づいて休業した場合には、派遣料金を支
払う必要があります（民法第536条2項）。

　いずれかに該当するかは休業に至った理由等から総合的に
判断されますが、例えば行政からの営業停止の指示に基づき
休業した場合には、通常、「派遣先の責めに帰すべき事由」
はないものと考えられ、派遣料金は発生しないと考えられる
でしょう。

Q.

当社では派遣会社から派遣社員を受け入れていますが、新型コロナウイルスの影響から派遣契約を打ち切らなければならなくなりました。この際留意すべきポイントはどこにありますでしょうか。

A.

派遣元との契約内容に基づき適切な対応を行う必要があります。

[解説]

派遣元会社との間で期間中に派遣契約を解除するにあたり、契約内容に従い次の措置をとる必要があります（派遣法第29条の2、厚労省「派遣先が講ずべき措置に関する指針」に記載されているものであり、同指針に基づき、派遣契約の内容として通常定められています）。

① 派遣元事業主の合意を得ることはもとより、あらかじめ相当の猶予期間をもって派遣元事業主に解除の申入れを行うこと

② 当該派遣先の関連会社での就業をあっせんする等により、当該労働者派遣契約に係る派遣労働者の新たな就業機会の確保を図ること

③ 派遣先の責に帰すべき事由により労働者派遣契約の契約期間が満了する前に労働者派遣契約の解除を行おうとする

　　場合には、派遣労働者の新たな就業機会の確保を図ること
　　とし、これができないときには、少なくとも当該労働者派
　　遣契約の解除に伴い当該派遣元事業主が当該労働者派遣に
　　係る派遣労働者を休業させること等を余儀なくされたこと
　　により生じた損害の賠償を行うこと
④　派遣先は、労働者派遣契約の契約期間が満了する前に労
　　働者派遣契約の解除を行おうとする場合であって、派遣元
　　事業主から請求があったときは、労働者派遣契約の解除を
　　行った理由を当該派遣元事業主に対し明らかにすること

　③の「派遣先の責に帰すべき事由」による派遣契約の解除
といえるかどうかは「12. 派遣労働者」の（2）と同様、解
除に至った理由等から総合的に判断されることになります。

13. 感染予防

 ポイント

○ 会社が従業員の感染予防についてどのような対応をすればよいか確認しましょう

○ 法的な問題よりもまず従業員の感染予防を第一に考えましょう

Q. 会社は従業員の感染予防として何をすればよいでしょうか。そのような予防策をとらずに従業員が感染した場合、会社が責任を問われるでしょうか。

A. 3つの密（密閉、密集、密接）を避けるほか、様々な対応が考えられますので、各社の実情に応じて対応しましょう。会社が感染予防策をとらずに従業員が感染した場合、会社が責任を問われる場合も考えられますので、しっかりと対応しましょう。

[解説]

（1）様々な予防策

　感染予防策として以下のように様々な方策が考えられます。

ア　できるだけ人と人との接触自体を避ける方策として以
　下のものが考えられます。
　　　・従業員にテレワークや時差出勤をしてもらう
　　　・WEB 会議を利用する

イ　個人個人に気を付けてもらう対応として以下のものが
　考えられます。
　　　・マスクを着用してもらう
　　　・手洗い、手指の消毒の励行
　　　・咳エチケットを守る

ウ　職場、会議室等で業務を行わざるを得ない場合の対応
　として以下のものが考えられます。
　　　・換気をする
　　　・人と人との間の間隔を2メートル以上あける
　　　・会議を短時間で行う
　　　・会議の終了後、机をアルコール消毒する

エ　感染が疑われる人との接触を防ぐ対応として以下のも
　のが考えられます。
　　　・入口で体温測定を行う
　　　・発熱等の症状がある人が入るのを防ぐ

（2）会社の責任
　会社は従業員の生命、身体の安全に配慮する義務を負って

います（労働契約法第5条）。会社がこの安全配慮義務に違反した結果従業員が損害を受けた場合、会社はその損害を賠償する責任を負います。

　会社がどのような安全配慮義務を負うかはケースによって異なりますが、「13. 感染予防」の（1）の予防策のうち会社として実行可能なものについては会社が義務を負うとされることが考えられます。

　そして、会社が従業員の感染を予測できたのに注意を怠り、その結果従業員が感染してしまった場合は、会社が損害賠償責任を負う可能性があります。例えば、発熱があり感染の疑いがある者を勤務させた結果、ほかの従業員が感染してしまったような場合は、会社の責任が問われる可能性が高いでしょう。

（3）まとめ

　会社の責任が問われる可能性がある点も念頭に置く必要がありますが、何より従業員の生命、身体の安全を守るためにも、会社として可能な範囲の予防策を講じるべきでしょう。

Q. 従業員にマスク着用を命じることは可能でしょうか。その場合マスクは会社が費用を負担してマスクを用意すべきでしょうか。

A. 会社が費用を負担してマスクを用意し、従業員に支給するのであれば、マスク着用を命じることは可能と考えます。会社がマスクを支給しないのであれば、着用を命じることは難しく、協力を求めることができるにとどまると考えるべきでしょう。

[解説]
（1）マスク着用を命じることの可否

　会社が感染予防策の1つとして従業員にマスク着用をお願いするだけでなく、着用を命じることは可能でしょうか。従業員がマスクを用意できないのに、会社がマスク着用を命じても、従業員としては命令に従うことができませんので、このような場合はマスク着用を命じることはできないでしょう。

　会社がマスクを用意し支給した上でマスク着用を命じることはどうでしょうか。ヘルメットや防塵マスク等の保護具と同様に考えれば、従業員の安全を守るためにマスク着用を命じることも、理論的には可能と考えます。

　マスク着用は感染予防策の1つとして命じる必要性がありますし、命じられる従業員にも特段不利益を課すわけでもありませんので、着用を命じることも可能と考えます。

（2）マスクを着用しない従業員を懲戒処分できるか

　会社がマスクを支給して着用を命じたにもかかわらず、従業員がこれに従わない場合、業務命令違反に当たりますので、理論的には指導や懲戒処分の対象になります（マスクを支給しない場合は、そもそも命じることができませんので懲戒処分もできません）。

　もっとも、会社として考えなければならないのは、感染予防であり、従業員の生命、身体の安全です。実務的には懲戒処分等を検討するよりも、マスクを着用しない従業員を説得し、マスクを着用してもらうことが重要だと思います。

　それでも着用しない場合は、会議に出席させない、他の従業員から距離を置いて業務を行ってもらう、場合によっては自宅待機を命じる等により対応すべきではないかと思います。

14. 緊急事態宣言と休業について

 ポイント

○ 緊急事態宣言に伴う休業指示・要請を受けて休業する場合でも、あらゆる場合が「不可抗力」に該当するわけではありません
○ 緊急事態宣言に伴う休業指示・要請を受けて休業する場合には、従業員を他の業務に充てることができないか、自宅勤務ができないかを検討する必要があります

Q. 緊急事態措置としての休業要請を受け、対象施設を休業させました。この場合、従業員に対する休業手当の支払いは不要と考えてよいですか。

A. 不可抗力として休業手当の支払いが不要になる場合があります。しかし、当該従業員を他の業務に充てることができないか、自宅勤務を指示することができないかの検討も行うべきです。

［ 解説 ］

　基本的には、休業要請を受けて営業を休止する場合、不可抗力に該当する場合（＝休業手当の支払いが不要である場合）が大部分であると考えられます。しかし、要請・指示を受けて休止する場合でも論理必然に不可抗力に該当するわけではないということは念頭においておく必要があります。

　不可抗力による休業といえるためには、

①　外部起因性（その原因が事業の外部より発生した事故であること）

②　防止不可能性（事業主が通常の経営者としての最大の注意を尽くしてもなお避けることができない事故であること）を充足する必要があるといわれています。

　すなわち、対象施設が休業要請を受けたとしても、自宅勤務が可能な職務である場合や他の業務に充てることが可能には、②防止不可能性を充足するとはいえず、「不可抗力」には該当しない（＝少なくとも賃金6割の休業手当の支払いは必要）と判断される可能性があります。

　今回休業要請の対象となっている施設の業務の多くは、自宅勤務や他の業務に充てることは実務上できない場合が大部分であると考えられますが、自宅勤務の可能性や他の業務に充てる可能性の検討を経ずに一律「不可抗力」と扱うことがないよう留意が必要となります。

Q.

当社は商業施設のテナント内でレストランを運営
しています。レストランは休業要請対象施設では
ありませんが（4月17日時点）、商業施設の判
断で施設全体が休業することになり、これに伴い
レストランもやむを得ず休業することになりまし
た。この場合、レストランで働いている従業員に
休業手当の支払いは必要ですか。

A.

休業要請の対象施設でなくとも、入居する商業施
設全体が休業となった場合には「不可抗力」とし
て休業手当の支払いが不要になる場合がありま
す。しかし、この場合であっても当該従業員を他
の業務に充てることができないか、自宅勤務とす
ることができないかの検討も行う必要があります。

[解説]

　直接の休業要請の対象施設となっていない場合であって
も、前ページの①外部起因性（その原因が事業の外部より発
生した事故であること）、②防止不可能性（事業主が通常の
経営者としての最大の注意を尽くしてもなお避けることがで
きない事故であること）を満たした場合には、不可抗力（＝
休業手当の支払いは不要）に該当します。
　まず、入居する商業施設側の判断で施設全体が休業となっ
た場合には、事業の外部の原因による休業といえるので、外

部起因性（①）は充足するケースが多いものと考えられます。

　次に防止不可能性（②）ですが、商業施設全体の休業決定についてテナント側は通常判断決定する立場にはありません。そのため、上記同様、自宅勤務の可能性や他の勤務に充てる可能性を検討した上でも業務ができない場合には、通常は防止不可能性が肯定されるものと考えられます。

　そのため、当該テナントのみに入居し他の店舗がないレストラン、他の店舗があったとしても人員を受け入れる余地がないレストラン等であれば、結論として①②を充足し、不可抗力に該当する場合が大半であると考えられます（ただし、同様のケースについて確立した判例は未だ出ておらず、異なる解釈の余地もあり得るところです）。

　入居する商業施設が休業することによりテナントが休業しなければならない場合であっても、テナントは助成金を使う等して、使用者としての労働者保護のための努力を尽くすことが望まれます。

Q.
当社はスポーツ施設を運営しており、今回の休業要請を受けて休業することにしました。スポーツインストラクターとの雇用契約書には、職種をスポーツインストラクター業務に限定するとの記載があります。この場合の休業は、不可抗力によるものとして休業手当は不要と考えてよいですか。

A.
法的には、不可抗力に該当する可能性が高いといえます。

[解説]

　不可抗力による休業（＝休業手当が不要）といえるためには、上記のとおり①外部起因性、②防止不可能性を充足する必要があります（→62ページ）。このうち②防止不可能性があるといえるためには、他の業務に充てることの可能性や自宅勤務の可能性を検討する必要があります。

　しかし、雇用契約書に職種限定の特約がある場合には、使用者は予定された業務以外を命じることは法的にできません。そのため、仮に他に任せることができる業務が残されていたとしても、それがインストラクター業務の範囲外のものしかない場合には当該範囲外の業務を命じる必要はありませんし、使用者として命じることはできません。

　そのため、雇用契約書に職種限定特約があるインストラクターのケースで、インストラクターの業務を自宅勤務で実施

することができない場合には、不可抗力に該当するといえる
でしょう。なお、ウェブ会議システムを用いたインストラク
ター指導等の可能性も将来的には想定されますが、運用実績
がない場合に直ちにこれを実施することを使用者に強制する
ことまではできないでしょう。

Q.

派遣従業員を受け入れています。休業要請を受け
休業した施設に従事していた派遣従業員に任せら
れる仕事がありません。派遣料金は支払う必要は
ないと考えてよいですか。

A.

派遣料金の定めは派遣契約書の定めに従うことに
なります。派遣契約書に「派遣先の責めに帰すべ
き事由によらずに派遣労働者が就労しなかった場
合、派遣元は派遣料金を請求することができない」
との規定がある場合には、派遣料金が不要となる
場合が通常であると考えられます。

[解説]

　派遣先・派遣元の派遣料金の取り扱いについては、派遣契
約の規定内容に従うことになります。仮に派遣契約書に「派
遣先の責めに帰すべき事由によらずに派遣労働者が就労しな
かった場合、派遣元は派遣料金を請求することができない」
との規定がある場合や、派遣契約書上対応する規定がなく民
法の定めに従う場合（「12. 派遣労働者」もご参照ください）
には、休業要請に基づく休業は通常派遣先の責めに帰すべき
事由には該当しないため、通常派遣料金は発生しないものと
考えられます。

Q.
当社は派遣元会社で、従業員を派遣先に派遣しています。派遣先が緊急事態宣言に伴い休業要請を受け休業した場合、派遣従業員に対する休業手当の支払いは不要と考えてよいですか。

A.
派遣先が休業となったからといって、直ちに派遣元・派遣従業員間において不可抗力による休業となるわけではありません。他に派遣先がないか等の検討を行う必要があります。

[解説]

派遣元と派遣従業員との間の関係は雇用契約であり、休業時に休業手当が必要かどうかは 62 ページに記したとおり、不可抗力（①外部起因性、②防止不可能性）に該当するかどうかが問題となります。

派遣先が休業したからといって、他の派遣先に派遣ができる状況にある場合には、防止不可能な休業とはいえず、不可抗力には該当しない（＝少なくとも休業手当の支払いが必要）といえるでしょう。

派遣先が休業したことによって派遣労働者も休業させる場合には、他の派遣先に派遣する可能性等、業務を行わせる可能性を検討する必要があります（この検討を経た上で他の業務を行わせることができないといえる場合には、不可抗力による休業として休業手当の支払いは不要といえるでしょう）。

15. 通勤交通費・定期代

 ポイント

○ 賃金規程の通勤手当（通勤交通費・定期代）に関する
支給ルールを確認しましょう
○ 在宅勤務の頻度等を勘案し、定期代と交通費の実費精
算のどちらが合理的かを判断しましょう
○ 今後の在宅勤務を想定して通勤手当の支給ルールの見
直しを検討しましょう

Q. 当面の間、従業員は在宅勤務としています。1か
月全く会社に出社しない従業員もいますが、通勤
手当は支払わなければならないでしょうか。

A. 賃金規程の定め方によります。通勤手当を交通費
の「実費」の趣旨として支給する旨の規定がある
場合は、通勤手当の支払いは不要です。

［解説］

　労基法上、使用者は、通勤に関する費用の支払いを義務付けられていません。しかし、各社が人材獲得や福利厚生の観点から、独自にルールを設けて支給しているのが通勤手当です。この通勤手当についてどのように支払うかは労使の合意（賃金規程）に基づきます。基本的には賃金規程に通勤手当の支給ルールが規定されているため、その内容を確認してください。

（1）通勤手当を通勤費の「実費」の趣旨として支払うことが明記されている場合

　通勤手当は、従業員ごとに、その利用する公共交通機関の種類、経路を申告させ、会社が最も経済的かつ合理的な経路を認定し、その経路に相当する額を支給するのが一般的です。

　例えば「通勤手当は、通勤に公共交通機関を利用する者に対して、その運賃、時間、距離等の事情に照らし、会社が最も経済的かつ合理的と判断した通勤経路及び方法によって算出し、支給する」と規定している場合です。

　このように通勤手当が、通勤費の「実費」の趣旨であることが明確な場合には、1か月の在宅勤務により実費が一切発生していない以上、通勤手当の支給は不要となります。

　なお会社によっては、定期代の6か月相当額をあらかじめ支給しているケースもあります。そのような場合には、定期の払い戻しをするか否かの検討が必要になります。払い戻しに関しては従業員の判断に任せず、会社で指示をしてくだ

い。公共交通機関各社が新型コロナウイルス関連の払い戻しのルールを公表しています。

　例えば、緊急事態宣言後にたまたま1回だけ出勤した際に定期を利用してしまった場合、払い戻し申し出日を4月7日とみなしてもらえず、最終使用日が払い戻し申し出日とみなされてしまうケースがありますので注意が必要です。

　また、完全な在宅勤務ではなく、週の半分は出勤するなど、通勤費が発生する場合は、定期代の支給と出社した日の交通費の実費精算のどちらが安いかを考慮して支給方法を判断すべきです。

（2）通勤手当を通勤費の「実費」の趣旨として支払うことが明記されているが、「1か月定期代」など支給方法が特定されている場合

　上記（1）とは、通勤手当が通勤費の「実費」の趣旨であることは同じであるものの、支給方法が「1か月定期代」などと特定されている点で異なります。

　この場合でも、通勤手当が通勤費の実費の趣旨である以上、在宅勤務により実費が一切発生していない場合は通勤手当を支給する必要はないと考えます。

　問題は、週1回は出勤日があるなど、実費が発生する場合です。通勤手当をどのように支払うかは労使の合意（賃金規程）に基づくため、会社が、実費の支払い方法として、1か月定期代を支給すると特定している以上、この規定に基づき1か月定期代を支給する必要があると考えます。

　そのため今後はこのような在宅勤務を想定して「在宅勤務
（在宅勤務を終日行った場合に限る）が週に4日以上の場合
の通勤手当については、毎月定額の通勤手当は支給せず実際
に通勤に要する往復運賃の実費を賃金支給日に支給するもの
とする」（厚生労働省「テレワークモデル就業規則〜作成の
手引き〜」参照）のような支給ルールを定めた方がよいで
しょう。

　なお、このような支給ルールの変更は、従業員の同意を得
て行うのが望ましいでしょう。もっとも、あくまで通勤費の
実費の支給方法の問題であり、本来、従業員がそれによって
得や損をする性質のものではないため、このような規定の変
更については不利益変更ではないか、仮に不利益変更だとし
ても不利益の程度が小さいものと考えます。

（3）通勤手当を交通費の実費とは無関係に一律で支給している場合

　従業員の通勤経路や費用に関係なく、一律に通勤手当と称
して支給している場合には、そもそも通勤手当が交通費の実
費の趣旨として支払っているものとはいえないため、仮に在
宅勤務で全く出社していない場合でも支給をしなければなら
ないと解されます。

（4）雇用契約書や賃金規程に通勤手当の支給ルールが明記されていない場合

　これまでの会社での取り扱いや当事者の認識などから、契

約の意思解釈として上記（1）から（3）のどれに該当する
かを判断することになります。

　なお、賃金規程に通勤手当に関する支給ルールの規定がな
くても、例えば欠勤控除に関する規定において「１か月間、
欠勤などで通勤の実態が一切ない場合は通勤手当を支給しな
い」等の手がかりになる規定があることもありますので、念
のため、通勤手当の部分だけではなく、欠勤控除に関する規
定の部分もご確認ください。

16. 均衡・均等待遇

 ポイント

○ 待遇を行う趣旨や目的に照らして、正社員とパート・
有期契約社員との間で取扱いに違いを設けることが不
合理ではないかを検討しましょう

○「正社員だから」、「パート・有期契約社員だから」とい
う理由だけで安易に違いを設けないようにしましょう

Q. 当社は小売業を営んでおり、自治体からの休業要
請の対象とはなっていませんが、当面の間、店舗
を閉鎖して休業することにしました。店舗での営
業には、期間の定めのない正社員と、パート社員
や有期契約のフルタイムの契約社員が従事してい
ます。休業期間中、休業手当として、正社員には
賃金の全額を支払い、パート社員や有期契約社員
には平均賃金の 60%を支払うことを考えていま
すが、問題はありますか。

A. 使用者の責めに帰すべき事由による休業時の労働
者の生活保障という休業手当の趣旨からすると、
裁判で争われた場合には、正社員とパート・有期
契約社員との間で休業手当の支給率に違いを設け
ることは不合理で違法と判断される可能性があり
ます。

[解説]

（1）無期フルタイム労働者とパート・有期労働者との不合
理な待遇の相違の禁止

いわゆる正社員を含む無期フルタイム労働者と、パート・
有期雇用労働者との間で待遇に相違を設ける場合、①職務の
内容（業務内容及び責任の程度）、②職務内容及び配置の変
更範囲（人材活用の仕組み）、③その他の事情という3つの
考慮要素のうち、問題となる待遇の性質や目的に照らして適
切と認められるもの（いわば関連する要素）を考慮して、不
合理と認められる待遇の相違を設けることは禁止されていま
す（大企業についてはパート・有期労働法第8条、中小企業
では令和3年3月31日までは改正前パート労働法第8条及
び改正前労働契約法第20条が適用され、「均衡待遇」とも呼
ばれます）。

問題となる待遇の相違が不合理なものである場合、違法な
取扱いとして、会社はパート・有期労働者に対して損害賠償
義務を負うことになります。

　なお、無期フルタイム労働者とパート・有期雇用労働者との間で①が同じで、②も雇用契約が終了するまでの全期間において同じという場合には、パート・有期労働者であることを理由として無期フルタイム労働者との間で差別的取扱いをすることも禁止されています（大企業についてはパート・有期労働法第9条、中小企業については上記同様の間は改正前パート労働法第9条が適用され、「均等待遇」とも呼ばれます）。ただし、この要件を充たすケースは極めて限定されているので、以下では「均衡待遇」についてのみ検討します。

（2）休業手当の趣旨に着目する

　労基法第26条の休業手当は、使用者の責めに帰すべき一定の事由による休業期間中、使用者が労働者に対して平均賃金の6割以上の手当を支払うこととして、これにより、労働者の生活を保護しようとする趣旨のものです。

　いわゆる正社員とパート社員や有期契約社員とでは、①業務内容や責任の程度が違うことや、②将来担当する可能性のある職務の範囲が違うということが多いと考えられますが、これらの事情は、労働者の生活の保護という休業手当の趣旨との関係性はそれほど強いものとは考えにくいところです。

　では、③その他の事情として、違いを設けることについて不合理とはいえない理由はあるでしょうか。会社として、将来的に経営の中枢を担う候補となる優秀な人材や、長期雇用を前提としてパート・有期契約社員とは異なる育成をしてきた人材の流出を防止するために、労基法第26条が求める休

業手当の下限ではなく、賃金全額を補償する休業手当を支給するという考えもあるかもしれません。

　しかし、会社としては、緊急事態のもとで、パート・有期契約社員よりも正社員の方がより流出を防止すべき要請が高いとしても、もともとの休業手当の趣旨は労働者の生活の保護にあります。

　通常、パート社員や契約社員は、正社員よりも賃金水準が低いことが多いと考えられ、もともと賃金水準が高い正社員には100％の賃金補償をし、他方で、パート社員や契約社員には低い賃金水準のもとで60％だけの支給とすると、パート社員や契約社員の生活保護という観点からは、正社員との格差がより広がっているという評価もされ得るところです。

　そのため、会社側で非常事態のもとで正社員の人材流出防止の要請があるとしても、裁判で争われた場合には、休業手当の支給率について、正社員とパート社員や有期契約社員との間で差を設けることが、違法と判断される可能性があります。

Q.

当社は、新型コロナウイルスの影響で売上が激減
しています。当社には期間の定めのない正社員と
有期雇用の契約社員がおり、この状況が長く続く
のであれば、人員の削減も検討しなければなりま
せん。その場合、正社員の雇用は継続しつつ、有
期契約社員を雇止めすることは、均衡待遇・均等
待遇との関係で問題となりますか。

A.

期間の定めのない正社員の解雇と有期契約社員の
雇止めは、異なる契約終了事由で、また、それぞ
れ労働契約法の異なる条文が適用されるものなの
で、基本的に均衡待遇・均等待遇の問題にはなら
ないと考えられます。雇止めの有効性の判断にお
いて、当該有期契約社員を雇止めすることに客観
的で合理的な理由と社会的相当性があるかどうか
が問題となることがあります。

[解説]

解雇と雇止めはいずれも労働契約の終了事由ですが、解雇
は使用者からの一方的な意思表示により契約が終了するもの
で、他方、雇止めは契約で定められた期間の満了により当然
に契約が終了するもので、異なる契約終了事由にあたります。
そもそも、期間の定めのない正社員には、「雇止め」という
ものはおよそ予定されていません。

　また、期間の定めのない正社員の解雇については労働契約法第16条が、有期契約社員の雇止めには労働契約法第19条が適用され、それぞれ異なる条文が適用されて、別個にその有効性が判断されることになります。

　そのため、厳しい経営環境のもと、正社員については雇用を維持しつつ、有期契約社員を雇止めにするとしても、「待遇の違い」や「取扱いの違い」が問題となる場面ではなく、パート・有期労働法第8条、第9条の「均衡待遇」「均等待遇」の問題にはならないと考えられます。

　具体的に雇止めをする場面においては、対象となる有期契約社員が、実質的に無期雇用契約と同視できる場合や、契約を更新されると期待することについて合理性がある場合には、整理解雇に準じて、①人員削減の必要性、②解雇回避の努力、③人員選定の合理性、④手続きの妥当性という4要素をもとに雇止めの有効性が判断されることになります。これらの要素を検討した結果、契約社員の雇止めが無効と判断されるケースもあります（詳細は「5. 解雇・雇止め」をご確認ください）。

17. 大人数の 整理解雇・ 退職勧奨について

 ポイント

○ 大人数の整理解雇・退職勧奨はリスクが高く、より慎重な検討が必要です

○ 仮に実施するとしても整理解雇は避け、希望退職・退職勧奨を選択するべきです

Q. タクシー事業者ですが、乗客が減少して苦境にあります。この状況を乗り切るため、雇用調整助成金をもらって運転者の雇用を維持するのではなく、運転者を一旦解雇して失業手当を受給してもらい、需要が見込めるようになったら再雇用することを考えています。

A.

雇用調整助成金などを通じて可能な限り雇用維持
に努める必要があります。退職してもらう場合も
整理解雇ではなく希望退職募集もしくは退職勧奨
をお勧めします。また、失業手当の関係からも安
易な再雇用の約束は行うべきではありません。

[解説]

（1）整理解雇と退職勧奨の違い

　Q&A と同じ様な事例が報道されました。「タクシー運転
手 600 名を解雇」などの見出しが載りましたが、実際は退職
勧奨を行い、多くの方は合意退職書にサインをしたようです。
タクシー会社は解雇をしていなかったのです。

　解雇の場合は、厳しい解雇規制が適用されますが、退職勧
奨については、厳しい規制はありません。解雇と退職勧奨を
区別しなければなりません。

　退職勧奨は、使用者が従業員に退職を促すことを意味しま
す。つまり、使用者が一方的に当該従業員を辞めさせるので
はなく、従業員がこれに応じた場合にはじめて労働契約が終
了して退職することになるものを指します。

　これに対して、解雇とは、使用者の一方的な意思によって
従業員を退職させてしまうことを指します。そのため，当該
従業員が退職しないという意思を示しても、その意思とは無
関係に退職の効果が生じます。

（2）整理解雇が無効になれば多額の解決金が必要になる

「5．解雇・雇止め」に記載のとおり、整理解雇が有効になるための要件（要素）は極めて厳しく、実務上整理解雇が有効になる事例は稀です。仮に整理解雇が無効であると裁判所に判断された場合は、解雇時からその時点までの過去の賃金の支払い（バックペイ）を支払わないといけませんし、かつ職場復帰をさせないといけません。

和解で退職解決ができても、整理解雇が無効であることを前提とした和解の場合はバックペイ＋半年から一年分の賃金を上乗せして支払う場合もあります。数名訴訟を起こして、敗訴前提の和解に至れば多額の和解金を支払わないと解決できなくなるのです。

（3）退職以外の選択肢があるか検討する

「5．解雇・雇止め」に記載のとおり、新型コロナウイルスに影響を受ける事業主に対する雇用調整助成金（経済上の理由により、事業活動の縮小を余儀なくされた事業主が、雇用の維持を図るための休業手当に要した費用を助成する制度）の特例措置の拡大等の雇用維持支援策や、資金繰り支援等の政府等からの支援策に関する検討の有無についても考慮した上で、事業縮小・人員整理に踏み切るか否かの判断をすることも重要です。

（4）希望退職も有効な選択肢

希望退職制度とは、会社が従業員の自主的な退職を募る仕

組みのことを指します。一部の従業員に退職してもらう場合
は、一定の条件を提示して退職する従業員を募る方がトラブ
ルも少なくなります。希望退職に伴う退職の場合であっても、
会社都合退職での雇用保険の受給が可能となります。

（5）大人数の退職勧奨において何に気をつけるか

　雇用調整助成金などによっても雇用維持が難しく、大人数
の退職勧奨を行う場合には何に気をつけるべきでしょうか。

　仮に退職勧奨に同意をして、退職合意書にサインをしたと
しても、合意退職の効力が否定されることがあります。

　従業員が退職合意書にサインをしたとしても、日本の労働
法では労働者を保護するため、当該行為が労働者の自由な意
思に基づいてされたものと認めるに足りる合理的な理由が客
観的に存在するか否かという観点からも有効・無効を判断し
ます（山梨県民信用組合事件（最判平28.2.19）等）。

　要するに人間の心や気持ちを証明するのは難しいので、
様々な関連事実から「労働者の自由な意思に基づいてなされ
たもの」かどうかを判断します。

　では、大人数の退職勧奨において何に気をつけるべきで
しょうか。

　ポイントは「情報」「時間」「金銭」です。

　「情報」については、現在の会社の経営状態（売上、人件費、
資金繰り等）を具体的にかつ事実にもとづいて説明したかが
重要になります。曖昧もしくは事実に反する内容を説明した
場合は、退職合意書にサインしたとしても「労働者の自由な

意思に基づいてなされたもの」と判断されないと思います。また、書面のみ交付するだけでなく、説明会や対面の説明もあればよいですし、説明資料を渡したほうがより「労働者の自由な意思に基づいてなされたもの」と判断されやすいです。

「時間」については、説明を受けた後、どの程度検討する時間を与えたかです。その場でサインをすることを求めたのか、一度家に持ち帰って検討してもらったのか、数日間考える時間を与えたのか否かは、「労働者の自由な意思に基づいてなされたもの」かどうかの判断に影響を与えます。

「金銭」については、特別退職金や有給休暇の買取りなどにより通常の退職金に追加して支払う場合があります。退職の際に支払う金銭が多ければ多いほど「労働者の自由な意思に基づいてなされたもの」と判断されやすいと思います。

（6）再雇用を約束してよいのか

会社としては退職勧奨をする際に「環境がよくなったら再就職は約束するから」とついいいたくなるところです。新型コロナウイルスに関する厚生労働省のQ&Aにおいて「また、雇用保険の基本手当は、再就職活動を支援するための給付です。再雇用を前提としており従業員に再就職活動の意思がない場合には、支給されません」との記載があり、再就職を約束して従業員に再就職活動の意思がない場合には失業手当は支給されません。

現実に再雇用を約束できる経営環境にはない場合がほとんどですので、再雇用の安易な約束は行うべきではありません。

18. 労働災害

 ポイント

○ 法律の原則を踏まえながら、従業員の生活も考えて、
会社の取るべき措置、方針を決めましょう
○ 休業補償は平均賃金の6割を支払えば労基法違反には
なりませんが、民事上は話し合い等で休業中の賃金を
決めないといけません

Q.
従業員が新型コロナウイルス対応に感染してしま
いました。労災認定はなされますか？

A.
新型コロナウイルスに感染した原因が業務上のも
のといえる場合には、労災認定の対象となります。
ただし、使用者として因果関係を確認できない場
合には、事業主証明の記載は慎重に行う必要があ
ります。

[解説]

　労災認定を受けるためには、その傷病が業務によって生じ
たものであること（これを「業務起因性」といいます）が必
要です。実際に従業員が新型コロナウイルスに感染した場合

に、その感染に業務起因性があるかどうかを判断することは
容易ではありません。

　この点について、厚労省は令和2年4月28日付「新型コ
ロナウイルス感染症の労災補償における取扱いについて」（基
発0428第1号）の通達を出しており、国内事例の新型コロ
ナウイルス感染症の業務起因性の判断について次のように整
理を行っています。

ア　医療従事者等

　患者の診療若しくは看護の業務又は介護の業務等に従事す
る医師、看護師、介護従事者等が新型コロナウイルスに感染
した場合には、業務外で感染したことが明らかである場合を
除き、原則として労災保険給付の対象となること。

イ　医療従事者等以外の労働者であって感染経路が特定され
　たもの

　感染源が業務に内在していたことが明らかに認められる場
合には、労災保険給付の対象となること。

ウ　医療従事者等以外の労働者であって上記イ以外のもの

　調査により感染経路が特定されない場合であっても、感染
リスクが相対的に高いと考えられる次のような労働環境下で
の業務に従事していた労働者が感染したときには、業務によ
り感染した蓋然性が高く、業務に起因したものと認められる
か否かを、個々の事案に即して適切に判断すること。

　この際、新型コロナウイルスの潜伏期間内の業務従事状況、
一般生活状況等を調査した上で、医学専門家の意見も踏まえ
て判断すること。

（ア）複数（請求人を含む）の感染者が確認された労働環
　　境下での業務
（イ）顧客等との近接や接触の機会が多い労働環境下での
　　業務

　すなわち、新型コロナウイルスに感染した従業員が医療従
事者等であれば、業務外の感染経路が明らかである場合を除
き、原則として業務起因性を認める、すなわち因果関係を推
定するという考えを示しています（上記「ア」）。
　一方、医療従事者以外については、感染源が明らかである
場合（上記「イ」）に当てはまらない場合には、同一労働環
境に複数の感染者が確認されているかどうか、顧客等との近
接や接触の機会の有無を踏まえて個別に判断するとしていま
す（上記「ウ」）。
　したがって、具体的経路が明らかでなく、また医療従事者
等に該当しない場合であっても、職場に他の感染者がいる場
合や、当該従業員が顧客等と近接や接触の機会が多い場合に
は、当該新型コロナウイルスは業務に起因して感染したもの
として労災認定がなされるケースもあり得るところです。
　なお、労災申請について事業主は申請の助力等の義務を
負っていますが（労働者災害補償保険法施行規則第23条）、
事業主として確認ができない事項についてまで全て証明しな
ければならないというわけではありません。そのため、会社
として当該発症者が業務上新型コロナウイルスに感染したか
どうか確認できない場合には、事業主証明を行うに際して、

「⑲災害の原因及び発生状況」（様式第5号　療養補償給付たる療養の給付請求書）については会社として確認ができないため証明することができない旨を記載する必要があります。

Q. 新型コロナウイルス感染症に感染した従業員から、会社に法的責任を追及される可能性はありますか？

A. 使用者は労働者に対する安全配慮義務を負っています。安全配慮義務違反と及び因果関係が立証された場合には、発生した損害についての賠償責任を負います。

[解説]

　新型コロナウイルス感染症に感染した従業員から損害賠償請求された際、①安全配慮義務違反の有無、②因果関係の2点が重要な争点となることが予想されます。

　使用者は労働者がその生命、身体等の安全を確保しつつ労働することができるよう、必要な配慮をしなければならない義務（これを「安全配慮義務」といいます）を負っています（労働契約法第5条）。

　まず、①安全配慮義務違反があったかどうかの判断において、当該使用者がとるべき措置の内容は、当該業務の内容・性質から個別に判断されることになります。しかし、例えば、緊急事態宣言発令後もいわゆる「3密」が生じる業務運営を回避する手段の検討すら行わず、何ら感染防止措置をとらずに万全と業務を行っていた場合には、安全配慮義務違反は肯定されるでしょう。一方、会社としてとり得る感染予防措置

は可能な限り実施していたのであれば、安全配慮義務は否定
されます。

　次に、②因果関係についてですが、上記通達（令和 2 年 4
月 28 日付「新型コロナウイルス感染症の労災補償における
取扱いについて」（基発 0428 第 1 号））はあくまで同通達は
行政が労災給付をするにあたっての判断枠組みであり、裁判
の判断内容に直接影響を与える法規としての性質を有するも
のではありません。

　しかしながら、いわゆる「過労死基準」（基発第 1063 号平
成 13 年 12 月 12 日、改正基発 0507 第 3 号平成 22 年 5 月 7 日）
と呼ばれる通達も同様に行政通達であるものの、事実上裁判
実務において過労死等における因果関係の判断にあたり参照
されています。新型コロナウイルス感染症にあたっても、裁
判所は安全配慮義務違反における因果関係を検討するにあ
たって上記通達（令和 2 年 4 月 28 日付「新型コロナウイル
ス感染症の労災補償における取扱いについて」（基発 0428 第
1 号））の同判断枠組みが参照されることが考えられます。

　特に医療従事者等については上記通達において業務起因性
が事実上推定される内容となっているため、使用者としては
仮に因果関係が肯定されたとしても「安全配慮義務を尽くし
ていた」と主張できるよう、感染予防のためにとり得る措置
は万全を尽くしておくことが肝要です。

19. シフト制の 従業員に対する 休業手当

 ポイント

○ シフト制のパート・アルバイトでシフトが決まっていなくとも休業手当を支払う必要がある場合があります

○ ただし、確たる判例・通達はないのでパート・アルバイトと話し合って決めることをおすすめいたします

Q. シフト制のアルバイト・パート社員がおります。雇用契約書には「所定労働日はシフトによる」と定めているだけで、その都度話し合って決めてきました。そのため、毎月の所定労働日数が決まっておりません。今回の新型コロナウイルスにより、当社店舗は全面的に休業になりますが、シフト制のアルバイト・パート社員にも休業手当は支払うべきなのでしょうか。

A. これまでのシフトの実績からして、仮に新型コロナウイルスによる影響がなければシフトに入り勤務をしていた可能性が高いのであれば、休業手当を支払うべきです。

[解説]

非常に難しい論点で裁判例も通達もありません。

理論的には所定労働日が決まっていないわけですから、いつ働くか決まっておらず、そもそも休業の前提を欠くとも考えられます。この考えに立てば、休業手当は不要であるとの解釈も成り立つと思います。

しかし、雇用契約書上必ずしも毎月の所定労働日数が定められていないとしても、過去の勤務実績等（例えば過去3ヶ月間の平均所定労働日や平均所定動労時間等）から「当該雇用契約上、少なくとも何日・1日あたり何時間は稼働することが予定されていた」と契約解釈がなされる可能性も十分にあり得るところです。

現実に新型コロナウイルスによる影響がなければシフトに入り勤務をしていた可能性が高いのであれば、休業手当を支払うべきと考えます。

労働法においては理屈や理論だけではなく、信義誠実の原則の適用や契約の合理的解釈等により、労働者保護を優先することがよく行われます。今回の場面などはまさしくそれに当てはまり、少なくとも裁判所は何らかの解釈を通じて休業手当を支払うよう求める可能性が高いと考えます。

第2章

書式例集

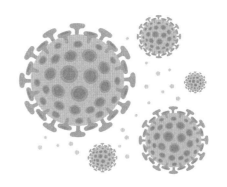

新型コロナウイルス感染者発生の告知文　社外向け

当社における新型コロナウイルス感染者の発生について

●年●月●日
●株式会社
代表取締役　●

●月●日、当社、●県●市所在の本社の●職場内にて勤務している従業員１名が、新型コロナウイルスへのPCR検査の結果、陽性であることが確認されました。

感染者の勤務していた職場については、PCR検査受診の報告を受けた●月●日時点で消毒作業を実施しており、●月●日に再度の消毒作業を実施する予定です。尚、当該感染者は、●月●日を最後に職場には出社しておらず、すでに２週間以上が経過しているため職場における濃厚接触者はおりませんが、特に感染者との接触が多かった●名については●月●日から●月●日までの自宅待機を命じております。

地域住民の皆様、関係者の皆様に多大なご心配をおかけすることを心よりお詫び申し上げます。本件については当社の他拠点においても従業員だけでなく、協力会社社員も含めた感染拡大防止に対するさらなる注意喚起と健康状態の確認を一層細やかに進めてまいります。今後も状況が変わる場合には、都度、速やかに情報を開示していくと共に、考えうる限りの対策を講じ、総力を尽くして、感染拡大防止に取り組んでまいります。

具体的には以下の取り組みを進めております。

【施設内での取り組み】
１．アルコール消毒液の増設
２．定期消毒の強化
３．接客時のマスク着用
【従業員に対する取り組み】
１．出退勤時のマスク着用
２．出勤時の体調チェック
３．社内におけるアルコール消毒液の増設
４．体調不良者の管理体制の整備
５．不要不急の外出・会合出席の自粛
６．時差出勤の実施

以上

従業員各位

当社における新型コロナウイルス感染者の発生について

●年●月●日
●株式会社
代表取締役　●

●月●日、当社、●県●市所在の本社の●部●課にて勤務している従業員1名が、新型コロナウイルスへのPCR検査の結果、陽性であることが確認されました。

感染者の勤務していた職場については、PCR検査受診の報告を受けた●月●日時点で消毒作業を実施しており、●月●日に再度の消毒作業を実施する予定です。尚、当該感染者は、●月●日を最後に職場には出社しておらず、すでに2週間以上が経過しているため職場における濃厚接触者はおりませんが、特に感染者との接触が多かった●名については●月●日から●月●日までの自宅待機を命じております。

既に社内の濃厚接触者と思われる従業員については聞き取りを終え、自宅待機や在宅勤務を進めておりますが、●月●日から●月●日まで、●課課員と打ち合わせや会話などにより接触が多かったと思われる方は、当社総務部までお問い合わせ下さい。

今後も、感染防止に対する取り組みと健康状態の確認をより一層進めますので、従業員の皆様もご協力お願い致します。

以上

新型コロナウイルス感染者発生の告知文　取引先向け

お取引様各位

当社における新型コロナウイルス感染者の発生について

●年●月●日
●株式会社
代表取締役　●

●月●日、当社、●県●市所在の本社の●職場内にて勤務している従業員1名が、新型コロナウイルスへのPCR検査の結果、陽性であることが確認されました。

感染者の勤務していた職場については、PCR検査受診の報告を受けた●月●日時点で消毒作業を実施しており、●月●日に再度の消毒作業を実施する予定です。尚、当該感染者は、●月●日を最後に職場には出社しておらず、すでに2週間以上が経過しているため職場における濃厚接触者はおりませんが、特に感染者との接触が多かった●名については●月●日から●月●日までの自宅待機を命じております。
また、当該感染者及び濃厚接触者と接触したおそれのあるお取引様ご担当者につきましては既に弊社から連絡を差し上げ、各種対応をお願いしております。

お取引様の皆様に多大なご心配をおかけすることを心よりお詫び申し上げます。本件については当社の他拠点においても従業員だけでなく、協力会社社員も含めた感染拡大防止に対するさらなる注意喚起と健康状態の確認を一層細やかに進めてまいります。今後も状況が変わる場合には、都度、速やかに情報を開示していくと共に、考えうる限りの対策を講じ、総力を尽くして、感染拡大防止に取り組んでまいります。

問い合わせ先
弊社総務部　電話番号　03-●-●

以上

社内広報文

●年●月●日
●●課　●●

新型コロナウイルス感染拡大の防止に向けて

　国内外を問わず、新型コロナウイルスの感染が拡大しております。この新型コロナウイルスは、一般的には飛沫感染、接触感染で感染するとされています。また、閉鎖した空間で、近距離で多くの人と会話するなどの環境では、咳やくしゃみなどの症状がなくても感染を拡大させるリスクがあるとされています。

　これを受け、当社におきましても、感染拡大防止のため一定の措置を講じることとなりました。会社に出勤し業務に従事する従業員の方々には、下記の対応を行うことを義務付けます。

記

１．感染の予防
　・会社への出勤時及び社内での業務時は、必ずマスクを着用してください。
　・外出後は、必ず手洗い、うがい、アルコール消毒を行ってください。
　・室内の換気をこまめに行ってください。
　・会議等を行う際は、各人の距離を十分に保ってください。

２．感染が疑われる場合の対応
　・風邪の症状や37.5度以上の発熱が４日以上続く、強いだるさ（倦怠感）や息苦しさ（呼吸困難）があるなどの場合は、出勤をしないでください。
　・上記の症状を感じた場合には、速やかに上長に報告をしてください。
　・同居しているご家族に、上記の症状が発症した場合、必ず上長に報告を行い、出勤の可否については、会社の指示を仰いでください。

３．感染してしまった場合の対応
　・出勤はせず、上長に報告をしてください。
　・回復後の出勤については、会社の指示を仰いでください。

以上

テレワーク業務日報

業務日報（テレワーク期間用）

業務日	令和●年●月●日		
業務を開始した時刻	●：●●	氏名	●●●●
業務を終了した時刻	●：●●	所属	●●●●

※「業務内容」欄には、行なった作業、会議、電話等の業務内容及び取得した休憩を記入してください。

※「通信相手（所属）」欄には、会議、電話等を行なった相手を記入してください。

※行数が足りない場合には追加挿入してください。

※本業務日報は、テレワーク期間中の各労働日の終業時に、●●部長宛にEメールで送付してください。

時間	業務内容	通信相手（所属）	備考
～8：59			
9：00～			
10：00～			
11：00～			

12：00〜			
13：00〜			
14：00〜			
15：00〜			
16：00〜			
17：00〜			

本日完了したタスク		積み残しタスク	

新型コロナウイルス行動調査票（報告書）

新型コロナウイルス行動調査票

発症前14日間の業務中の行動について、以下の項目に従ってできる限り具体的に記載してください。

記入年月日：
所属部署：
氏名：

発症日から	日付	勤務した場所（30分以上滞在した場所）及び立ち寄った箇所	行なった業務の概要	「3つの密」（密閉・密集・密接）の有無及び状況	接触者氏名及び所属
記載例	○月○日（月）	①東京本社オフィス ②取引先○○株式会社横浜支店 ③居酒屋○○（○○店）	①5階営業部内自席、5階男子トイレ、5階給湯室、6階第1会議室、1階社員食堂、2階更衣室 ②3階会議室 ③店舗内南側一番奥の個室	①営業分析 ②新商品プレゼン ③取引先○○株式会社との接待	②○○株式会社で行ったプレゼンの会議室には、8人が在室していました ③懇親会は居酒屋の個室に5名で入室し、およそ2時間談笑しました	①○○○○（営業部）、○○○○（総務部）②○○○○（○○社）、○○○○（○○社）③○○○○（○○社）、○○○○（○○社）
14日前					
13日前					
12日前					

11日前					
10日前					
9日前					
8日前					
7日前					
6日前					
5日前					
4日前					
3日前					
2日前					
1日前					
当日					

■ 在宅勤務者向け・新型コロナウイルス感染予防の行動指針

●●年●月●日

社員各位

株式会社●●●

在宅勤務中の感染拡大防止に向けて

　国内外を問わず、新型コロナウイルスの感染が拡大しております。
　当社では、社員の皆様の感染防止のため、在宅勤務を実施しております。在宅勤務中は、下記の事項を遵守し、新型コロナウイルスへの感染防止に努めてください。

記

・手洗い、うがいを徹底しましょう。
・部屋の換気を行いましょう。
・不要不急の外出を控えましょう。
・密閉空間、密集場所、密接場面が重なる場を避けましょう。
・生活必需品の購入等のためにやむを得ず外出する際には、マスクを着用し、人が密集する場所を避ける、人との距離をとる等の感染防止策をとりましょう。
・旅行、帰省などの遠方への外出（都道府県境を跨ぐか否かを問いません）を控えましょう。
・業務上の必要がある場合を除き、社員同士の対面での集会、会食（私的な集会、会食を含みます）を控えてください。
・1日1回の検温を実施しましょう。
・風邪の症状や37.5度以上の発熱が4日以上続く場合や、強い倦怠感、息苦しさがある場合には、速やかに上長に報告してください。
・同居のご家族に感染者または濃厚接触者と認定された方がいる場合は、速やかに上長に報告してください。
・疲労の蓄積に繋がるおそれがある長時間の時間外労働等は避けましょう。
・十分な栄養摂取と睡眠の確保を心がけましょう。

以上

在宅勤務を想定した通勤手当の規定例

（通勤手当）
第〇条
1 …。
2 前項の規定にかかわらず、在宅勤務（在宅勤務を終日行った
　場合に限る。）が週に●日以上の場合の通勤手当については、
　毎月定額の通勤手当は支給せず実際に通勤に要する往復運賃の
　実費を給与支給日に支給するものとする。

※ 社内規程上、通勤手当を通勤費の「実費」の趣旨として支払うこ
　とが明記されているが「1か月定期代」など支給方法が特定されて
　いる場合や、通勤手当を交通費の実費とは無関係に一律で支給して
　いる場合などには、規定例のような支給ルール追記を検討する（詳
　しくは**第1章「15. 通勤交通費・定期代」**参照）。

在宅勤務期間中における通勤手当の支給に関する同意書

在宅勤務期間中における通勤手当の支給に関する同意書

株式会社●●
代表取締役　　●●　殿

　私は、在宅勤務期間中における通勤手当の取り扱いに関し、貴社から通勤手当の支給方法の変更に至る経緯・理由、在宅勤務実施予定期間、及び通勤手当の支給方法について説明を受けましたので、当該取り扱いについて同意いたします。

【在宅期間中における通勤手当】
①在宅勤務実施予定期間：令和●年●月●日〜令和●年●月●日

②在宅勤務期間中における通勤手当の取り扱い
　在宅勤務（在宅勤務を終日行った場合に限る。）が週に●日以上の場合の通勤手当については、毎月定額の通勤手当は支給せず実際に通勤に要する往復運賃の実費を給与支給日に支給するものとする。

　令和　　　年　　　月　　　日

　　　　　　　　所　属

　　　　　　　　氏　名　　　　　　　　　　　　　　　印

誓　約　書

令和　年　月　日

●●株式会社
代表取締役●●　殿

住所＿＿＿＿＿＿＿＿＿＿＿＿＿＿

氏名＿＿＿＿＿＿＿＿＿＿＿　印

私は、この度、自宅において業務（在宅勤務）を遂行するにあたり、「秘密保持及び個人情報の取扱い」に関する次の事項を遵守することを誓約いたします。

1．業務を遂行する過程で知り得る一切の「機密情報」について、会社の承諾なく、第三者に漏洩若しくは開示せず、また、会社の業務以外の目的に使用いたしません。

　※「機密情報」とは、会社において機密若しくは秘密として指定されている情報、又は社会通念上、秘密内容であることが明白なものの情報（①会社の商品またはサービスの価格、ノウハウ等に関する情報、②会社の顧客・取引先、取引内容及び取引予定に関する情報、③●●に関する情報など）であることを確認します。

2．業務を遂行する過程で取り扱う「個人情報」について、第三者に漏洩若しくは開示をいたしません。また、「個人情報」の取扱いは業務の遂行上正当な理由のある場合に限定して行います。

　※「個人情報」とは、個人の氏名、生年月日、連絡先、住所その他の記述等により特定の個人を識別することができる情報、又は、個人識別符号が含まれる情報、並びにこれらに付随して取り扱われるその他の情報のことを指すことを確認します。

3．設備、機器及びネットワーク環境等を利用するにあたり、「機密情報」および「個人情報」の安全を守るために、次のことを実行します。

 (1)　「機密情報」および「個人情報」の漏洩を防止するため最大限の注意を払うこと。

 (2)　会社の許可なく、「機密情報」又は「個人情報」を紙、USBなどの記録媒体に記録し、又は電子媒体（メールアカウントへのメール発信や転送等を含む）等を用いて外部へ持ち出さないこと。

 (3)　事業所の設備外の機器を使用する場合には、ウイルスソフトのインストールを行い、かつウイルスチェックを済ませた上で使用すること。

 (4)　ウイルスチェックをしていないUSBなどの記録媒体を使用しないこと。

 (5)　会社から貸与を受けた設備、機器、ネットワーク環境並びにその他備品等（以下、「会社貸与設備等」という）について、業務を遂行する目的以外に使用しないこと又は会社の許可なく外部に持ち出さないこと。

 (6)　会社貸与設備等について、業務を遂行する上で必要のないホストへのログインを試みるとか、機器内情報（機器に関する情報およびこれが保持する情報）にアクセスするなどのことをしないこと。

 (7)　会社貸与設備等について、会社の指定もしくは許可していないソフトを作動又はインストールしないこと。

4．法令はもちろん、会社の秘密保持及び個人情報の取扱いに関する諸規程並びに会社に提出した誓約書に記載された事項（以下、「遵守事項」という）を遵守いたします。また、私が遵守事項に違反したとき又は他の従業員についてその違反事実を知ったときは、直ちに会社にその旨を報告いたします。

5．上記事項のいずれかに反したことにより、就業規則に基づく懲戒処分を受けたとしても、私は一切異議を申し立てず会社の処分に従います。また、万一、上記事項のいずれかに反したことにより、会社に損害を与えた揚合には、会社が被った損害の一切を賠償いたします。

以上

個人情報の第三者提供に関する同意書

○○株式会社
代表取締役　○○○○　殿

個人情報の第三者提供に関する同意書

　私は、貴社が取得した私に関する情報を第三者に提供することについて、下記のとおり同意します。

記

１、情報を提供する第三者
　・当社従業員のうち、別紙「新型コロナウイルス行動報告書」に記載された接触者
　・○○株式会社の担当部署及び関係者
　・○○株式会社の担当部署及び関係者
　・当社産業医

２、提供する個人情報
　・氏名、所属部署
　・別紙「新型コロナウイルス行動報告書」記載の事項
　・症状及び治療状況

３、第三者における利用目的
　新型コロナウイルス感染経路の確認及び感染拡大防止を図るため

令和＿＿＿＿年＿＿＿＿月＿＿＿＿日
氏　　　名：＿＿＿＿＿＿＿＿＿＿＿＿＿㊞

以上

休業手当に関する同意書

休業手当に関する同意書

株式会社　●●
代表取締役　●●●●　殿

　私は、休業期間中の休業手当の取り扱いに関し、貴社から休業に至る経緯・理由、休業実施予定期間、及び１日当たりの休業手当の金額について説明を受け、当該取り扱いについて同意いたします。

【休業期間中の休業手当】
①休業実施予定期間：令和●年●月●日～令和●年●月●日

②１日当たりの休業手当：平均賃金●円×●％＝●円

令和　　　年　　　月　　　日

　　　　　　　　　　所　属

　　　　　　　　　　氏　名　　　　　　　　　　　印

出向通知書

2020年　　月　　日

殿

出向元会社（甲）
●県●市●
●株式会社
代表取締役社長　●　　　　　印

出向通知書

　この度、貴殿には下記の通り出向していただくことになりましたので、ここにご通知いたします。

記

出 向 先 会 社 名（乙）		株式会社●
勤 務 予 定 地		●
担 当 予 定 業 務		●
労働条件	賃金・賞与及び支払方法	甲の給与規則に基づき、甲から支給する。
	社 会 保 険 等	甲にて継続加入する。 （健康保険、厚生年金、雇用保険、介護保険）
	労 災 保 険	乙において付保する。
	労 働 時 間・休 日	乙の労働条件に伴うものとする。
	年 次 有 給 休 暇	甲の就業規則等の定めによるものとする。
	表 彰 ・ 懲 戒	甲及び乙の就業規則等の定めるところによる。
	退 職 金	甲の規程に基づく
	出 向 期 間	2020年●月●日から●年●月●日までとする。 ただし、甲は期間の延長を通知する場合がある。

上記出向内容に同意します
2020年●月●日

氏名　＿＿＿＿＿＿＿＿＿＿＿

内定取消合意書

合意書

　●（以下「甲」という）と、●（以下「乙」という）は、甲・乙間の採用内定の解消（以下「本件」という）について、以下のとおり合意した（以下「本件合意」という）。

1．甲と乙は、令和●年●月●日付で、甲乙間の採用内定を合意により解消することを相互に確認する。

2．乙は、甲の就職活動に不利益な言動をしないことを約束する。

3．乙は甲に対し本件解決金として●円を支払う義務を有し、乙は甲に対し、令和年●月●日までに甲が指定する預金口座に振り込む方法により支払う。

4．甲と乙は、方法の如何を問わず、互いに誹謗中傷したり、不利益な言動をしないことを相互に約束する。

5．甲と乙は、本件合意の内容について、正当な理由なく第三者に口外しないことを相互に約束する。

6．甲と乙は、甲乙間には、本件合意書に定めるもののほか、他に何らの債権債務の存在しないことを相互に確認する。

本件合意の成立を証するため、本書を2通作成し、甲乙各自1通ずつ保管する。
令和　　年　　月　　日

甲（署名）

乙（署名）

以上

今すぐ役立つ書式例も掲載!!

新型コロナウイルス感染症に関する労働問題Q&A

令和2年5月29日　初版発行

編　者　杜若経営法律事務所
発行人　藤澤　直明
発行所　労働調査会
　　　　〒170-0004　東京都豊島区北大塚2-4-5
　　　　TEL　03-3915-6401（代表）
　　　　FAX　03-3918-8618
　　　　http://www.chosakai.co.jp/
　　　　©杜若経営法律事務所
　　　　ISBN978-4-86319-744-2　C2032